Frédéric Chopin

von Johannes Jansen

Deutscher Taschenbuch Verlag

Weitere in der Reihe dtv portrait erschienene Titel
am Ende des Bandes

Für Andrea

Originalausgabe
Oktober 1999
© Deutscher Taschenbuch Verlag GmbH & Co. KG, München
Umschlagkonzept: Balk & Brumshagen
Umschlagbild: Frédéric Chopin. Kolorierte Lithographie von Gottfried
Engelmann nach einem Portrait von P. R. Vigneron, 1833 (AKG, Berlin)
Layout: Matias Möller, Agents – Producers – Editors, Overath
Satz: Matias Möller, Agents – Producers – Editors, Overath
Druck und Bindung: APPL, Wemding
Gedruckt auf säurefreiem, chlorfrei gebleichtem Papier
Printed in Germany   ISBN 3–423–31022–7

dtv

Herausgegeben von Martin Sulzer-Reichel

Johannes Jansen, geb. 1958, arbeitet seit seinem Studium der Musikwissenschaft in Köln als Journalist. Er ist Chefredakteur und Herausgeber der Musikzeitschrift CONCERTO. Zu seinen Buchveröffentlichungen gehören ein Opern- und Konzertführer, eine kleine Mozart-Biographie und ein ›Schnellkurs Oper‹.

Inhalt

Vorbemerkung	7
Die Familie Chopin (1771–1817)	9
Voilà, ein Wunderkind (1818–1824)	19
Abschied von der Kindheit (1825–1829)	27
Aufbruch mit Hindernissen (1829–1830)	39
Weg ohne Wiederkehr (1830–1831)	49
Pariser Leben (1831–1834)	63
Zwei Frauen (1835–1837)	79
Die neue Familie (1838–1839)	93
Die Sommer von Nohant (1839–1845)	111
Winter des Lebens (1844–1849)	123
Zeittafel	140
Werkverzeichnis	143
Literaturhinweise	148
Diskographie	151
Register	153
Bildnachweis	156

1 Frédéric Chopin. Ölgemälde von Ambroży Mieroszewski, 1829

Vorbemerkung

Das Leben – ein Roman? Auch wer das Genre der romanhaften Künstlerbiographie mit Skepsis betrachtet, wird nicht verkennen, daß es dafür geeignete und weniger geeignete Stoffe gibt. Zu ersteren gehört zweifellos Frédéric Chopin, der uns in einer Vielzahl von romantisierenden Lebensbeschreibungen, Novellen und Filmplots als von Tragik umwölkter Genius, glühender Patriot und Schwarm der eleganten Welt begegnet. Von manchem Kitsch gereinigt, aber nicht im Kern erschüttert, hat dieses Bild die eigentlich erst in der zweiten Hälfte unseres Jahrhunderts nennenswert angewachsene Zahl wissenschaftlich-kritischer Studien zu Chopins Leben und Werk, die sich zu einem großen Teil der Arbeit polnischer Musikforscher verdanken. Auf sie stützt sich in hohem Maße auch dieses Buch, wobei der Autor bekennen muß, daß er des Polnischen nicht mächtig ist und darum auf Übersetzungen wie die der großen, erst seit kurzem in der deutschen Textfassung greifbaren Chopin-Biographie von Tadeusz A. Zieliński angewiesen war, im Einzelfall allerdings auch auf sprachkundige Helfer zurückgreifen konnte. Die chronologische Einordnung der Werke – ohne Frage eines der schwierigsten Kapitel der Chopin-Forschung – folgt dem Chopin-Musikführer von Jim Samson, der seinerseits auf Studien von Jan Ekier und dem Werkverzeichnis von Krystyna Kobylańska beruht.

So gerüstet schien es möglich, der Versuchung zu entgehen, Chopins Leben als Roman zu deuten, ohne sich dem Zauber, der seine Musik und seine Persönlichkeit umgibt, gänzlich zu entziehen.

2 Beginn der Nocturne Es-Dur op. 9 Nr. 2, Chopins Unterschrift und Datum (Dresden, 22. September 1835)

Die Familie Chopin

In Żelazowa Wola, einem Landgut in der Nähe von Warschau, wird in den letzten Karnevalstagen des Jahres 1810 den Eheleuten Nicolas und Tekla Justyna Chopin ein Sohn geboren. An einem Donnerstag, soviel ist gewiß, aber das genaue Datum ist umstritten. Die Geburt wird erst sieben oder acht Wochen später beurkundet. Die Kirchenakten nennen den 22. Februar, doch könnte es auch der 1. März gewesen sein. Frédéric Francis, der am 23. April getauft wird, ist das zweite Kind der Familie. Ludwika, die Tochter, ist drei Jahre alt. Der Vater arbeitet als Hauslehrer auf dem Landgut der Gräfin Skarbek, die Mutter, eine arme Verwandte der Gräfin, ist Haushälterin. Besonders einträglich ist beider Arbeit nicht. Darum nimmt Nicolas Chopin im Herbst desselben Jahres eine Stellung als Französischlehrer in Warschau an, der Resi-

3 Chopins Geburtshaus in Żelazowa Wola, Aquarell von Albert Colfs, um 1950

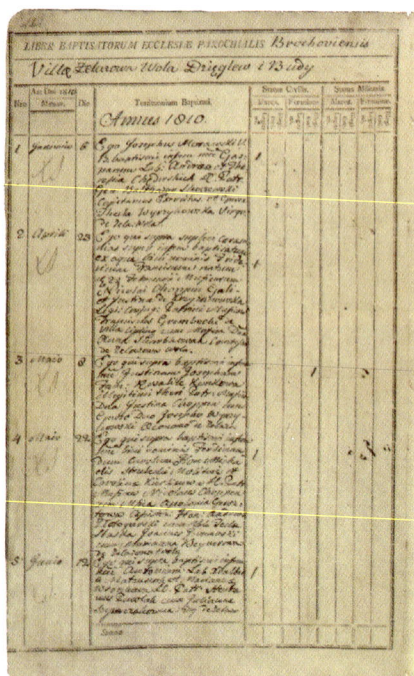

4 Chopins Taufurkunde (zweiter Eintrag). Der lateinische Text nennt die Namen des Getauften – Fryderyk Franciszek – sowie die der Taufpaten: Franciszek Grębecki (der den abwesenden Fryderyk Skarbek vertritt) und die Gräfin Anna Skarbek.
Die Familie feiert Chopins Geburtstag stets am 1. März, obwohl die Kirchenakten den 22. Februar als Datum nennen; wahrscheinlich hat man sich bei der Eintragung, die erst im April vorgenommen wird, schlicht um eine Woche vertan.

denz des unter Napoleon I. gegründeten Herzogtums Warschau im Zentrum des nach mehrfachen Teilungen seiner einstigen Größe und Selbständigkeit beraubten Polens. Nicolas, der gebürtige Franzose, unterrichtet am Warschauer Lyzeum im Sächsischen Palais. Dort, in engster Nachbarschaft zu den Lehrern und Schülern des angesehenen Instituts, findet auch die Familie Unterkunft. 1811 wird die Tochter Izabela geboren, ein Jahr später Emilia, das vierte Kind.

Schon im 17. Jahrhundert verliert Polen große Teile seines Gebietes an Rußland. Von 1697 bis 1763 wird es von den Sachsenkönigen August II. und August III. regiert. Danach wird Polen immer mehr zum Spielball der benachbarten Großmächte. Bei der ersten Teilung von 1772 gehen 30 Prozent des Territoriums an Rußland, Preußen und Österreich verloren; 1793 werden weitere Gebiete von Rußland und Preußen annektiert. Zwei Jahre später wird das Land vollständig zwischen den drei Nachbarstaaten aufgeteilt. 1807 kommt es durch Napoleon zur Neugründung eines Herzogtums Warschau (1815 mit Rußland vereinigt).

Wie es Nicolas Chopin nach Polen verschlug, ist eine Geschichte, die der näheren Betrachtung lohnt, denn sie zeigt bereits einen Vorschein jener politischen und sozialen Umbrüche, die in der Biographie des Sohnes fortwirken und seine Laufbahn, gleichsam in Umkehrung des vom Vater eingeschlagenen Lebensweges, bestimmen.

Nicolas Chopin, Sohn eines Weinbauern und Stellmachers, war erst siebzehn Jahre alt, als er sein Heimatdorf Marainville, unweit von Nancy, verließ. Er ergriff die Chance, sein Leben selbst in die Hand zu nehmen, indem er sich Menschen anschloß, die ihm mehr als seine eigene Familie eine geistige Heimat geboten hatten und ihm nun eine berufliche Perspektive wiesen. Es waren Polen, die den aufgeweckten Jungen unter ihre Fittiche genommen hatten, und polnisch geprägt war auch seine engere Umgebung.

Lothringen stand seit 1736 für dreißig Jahre unter der Herrschaft des polnischen Ex-Königs Stanisław Leszczyński. Ludwig XV. hatte das Fürstentum seinem Schwiegervater nach dessen Abdankung vermacht. Das Dorf Marainville gehörte zum Besitz des Grafen von Ruthan, des Kammerherrn Leszczyńskis; 1779 wurde es an Michael Graf Pac verkauft, einen jener polnischen Magnaten, die nach ihrem vergeblichen Kampf für die polnische Unabhängigkeit in Westeuropa Zuflucht genommen hatten. Der polnische Verwalter des gräflichen Besitzes hieß Jan Adam Weydlich. Er ist es,

5 ›Der Kuchen der Könige‹ – Darstellung der ersten Teilung Polens von 1772. Stich von Erimeln

6 **Tekla Justyna Chopin**, geb. Krzyżanowska (1782–1861), Frédérics Mutter. Ölgemälde von Ambroży Mieroszewski, 1829. Als Verwalterin auf dem Gut von Żelazowa Wola lernt sie den zehn Jahre älteren Nicolas Chopin kennen und lieben. 1806, vier Jahre nach ihrer ersten Begegnung, heiraten sie. Tekla Justyna Chopin ist eine gute Klavierspielerin, Nicolas spielt Flöte und Geige.

dem der junge Nicolas Chopin seine vorzügliche Ausbildung, die auch das Geige- und Flötespielen umfaßt, in erster Linie verdankt.

Offenbar hat Weydlich die Talente des Stellmachersohnes frühzeitig erkannt und ihn systematisch an eine spätere Verwaltungstätigkeit herangeführt, wobei er ihm erlaubte, auch seine musischen Neigungen zu entfalten. Die unter Weydlichs Obhut gewonnene Bildung und auch der enge Kontakt zur aristokratischen Lebenswelt haben den jungen Chopin seiner bäuerlichen Herkunft zweifellos entfremdet. Das mag vielleicht erklären, warum es auch ihn aus Marainville fortzieht, als der Graf und mit ihm sein Verwalter nach Polen zurückkehren.

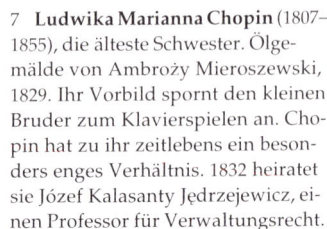

7 **Ludwika Marianna Chopin** (1807–1855), die älteste Schwester. Ölgemälde von Ambroży Mieroszewski, 1829. Ihr Vorbild spornt den kleinen Bruder zum Klavierspielen an. Chopin hat zu ihr zeitlebens ein besonders enges Verhältnis. 1832 heiratet sie Józef Kalasanty Jędrzejewicz, einen Professor für Verwaltungsrecht.

8 **Nicolas Chopin** (1771–1844), Frédérics Vater. Ölgemälde von Ambroży Mieroszewski, 1829. Die Ehe, die Nicolas bzw. Mikolaj, wie er sich in Polen nennt, mit Tekla Justyna führte, wird als außerordentlich harmonisch beschrieben. Seine patriotische Gesinnung, die er als Hauptmann der Nationalgarde unter Beweis stellt, überträgt sich auf den Sohn.

Mit Weydlich trifft Chopin im Herbst des Jahres 1787 in Warschau ein, wo er bald eine Anstellung als Buchhalter in einer französischen Tabakmanufaktur findet. Zwei Jahre später, in den ersten Wirren der Französischen Revolution, soll Nicolas Chopin im Auftrag Weydlichs nach Nancy reisen, doch die Einführung der allgemeinen Wehrpflicht in Frankreich und die Angst davor, dort festgehalten zu werden, vereitelt den Plan. Die politische Situation in Polen ist kaum weniger angespannt, nachdem der König tiefgreifende Reformen durchgesetzt hat. Die Einführung einer parlamentarischen Wahlmonarchie auf der Grundlage der sogenannten Mai-Konstitution von 1791, der ersten geschriebenen Verfassung Europas, fordert den Widerstand des Adels heraus.

9 **Emilia Chopin** (1812–1827), Frédérics jüngste Schwester. Miniatur, um 1826. Die früh verstorbene Schwester entfaltet ein bemerkenswertes literarisches Talent. Man prophezeit ihr eine große Zukunft. Gemeinsam mit ihrem Bruder verfaßt sie ein Theaterstück zum Namenstag des Vaters im Dezember 1824.

10 **Justyna Izabela Chopin** (1811–1881), Frédérics mittlere Schwester. Ölgemälde von Ambroży Mieroszewski, 1829. Mit ihrer Schwester Emilia übersetzt sie bereits in jugendlichem Alter ein Buch aus dem Deutschen; zusammen mit Ludwika veröffentlicht sie verschiedene Erzählungen. 1834 heiratet sie den Mathematiklehrer Anton Barciński.

Die Krise, von Rußland geschürt, macht das Land zur leichten Beute für die benachbarten Großmächte. 1793 kommt es zur zweiten Teilung Polens, 1795, nach der blutigen Niederschlagung des von Tadeusz Kościuszko angeführten Volksaufstandes, zur dritten Teilung, die Polens Eigenstaatlichkeit aufhebt. Nicolas Chopin steht auf der Seite der Aufsländischen und beteiligt sich am Kampf gegen die russischen und preußischen Eroberer; als Hauptmann der Nationalgarde entgeht er nur knapp dem Tod: Der Neubürger Chopin wird zum glühenden Patrioten. Die Bindung an die neue Heimat vertieft sich noch durch die Heirat mit Tekla Justyna Krzyżanowska und ihre gemeinsamen Kinder. Die Brücken zum Elternhaus brechen ab, nach Frankreich kehrt er nie wieder zurück.

Als Französischlehrer in Warschau nimmt Nicolas Chopin, um das Budget der größer werdenden Familie aufzubessern,

> Er war weder Emigrant, noch war er so ein Hauslehrer, wie es seinerzeit die Mehrzahl der französischen Hauslehrer waren, die die Erziehung der polnischen Jugend in eine wenig nationale Richtung lenkten [...]. Ihn bewegten weder die Grundsätze einer übertriebenen republikanischen Freiheit noch die geheuchelte Frömmelei französischer Emigranten. Er war auch kein Royalist, der sich mit abgöttischer Verehrung dem Thron und dem Altar ergab, sondern er war ein moralischer und aufrichtiger Mensch, der sich der Erziehung polnischer Jugendlicher widmete, ohne sich jemals vorzunehmen, aus ihnen Franzosen zu machen und ihnen die in

GESELLSCHAFTLICHER AUFSTIEG DER FAMILIE

11 Der Sächsische Platz in Warschau mit den Gebäuden des Sächsischen Palais (Vordergrund), in dem auch die Familie Chopin von 1810 bis 1817 lebt. Kolorierte Xylographie, Mitte 19. Jahrhundert

Schüler des Lyzeums als Pensionsgäste ins Haus. Sein ausgezeichneter Ruf als Erzieher macht die Runde und beschert dem Pensionat Zulauf aus den besten Kreisen. 1814 erhält er den Titel eines Professors der französischen Sprache und Literatur, ein Amt, das er zugleich am Lyzeum und an der Kadettenschule für Artillerie und Ingenieurwesen ausübt, später auch an der Lehranstalt für Heerespraktikanten.

Lebensführung und Geselligkeit im Haus Chopin sind die einer gutsituierten bürgerlichen Familie mit aristokratischem Einschlag, ganz so, wie es die vornehmen Pensionsgäste erwarten dürfen. Eine besondere Rolle dabei spielt die Musik, nicht nur zur Freizeitgestaltung, sondern auch als Medium der Selbstdar-

Frankreich herrschenden Grundsätze einzuflößen. [...] Durch den langjährigen Aufenthalt in unserem Land, durch die freundschaftlichen Beziehungen mit polnischen Häusern und vor allem durch seine Heirat mit einer Polin, somit auch durch eheliche und familiäre Beziehungen, wurde er tatsächlich zu einem Polen und erfuhr im Alter die Genugtuung, daß er als verdienstvoller Lehrer öffentlicher Schulen allgemein anerkannt war.

Der Ökonom, Historiker, Romancier und Dramaturg Fryderyk Skarbek (Frédérics Taufpate) über Nicolas Chopin, den Vater (zit. n. Zieliński)

Das Klavier im 19. Jahrhundert

Nicht erst durch die Erfindung von Schallplatte und Grammophon gegen Ende des 19. Jahrhunderts nimmt das Geschäft mit der Musik industrielle Züge an. Schon durch die rasante Verbreitung gedruckter Musikalien und die im Gleichtakt mit der Notenpresse produzierenden Klavierfabriken – am Jahrhundertende sind es allein in Deutschland rund 400 Hersteller – wird Musik zur erschwinglichen Ware für weite bürgerliche Kreise. Rationelle Fertigungsmethoden, die den vormals kunsthandwerklichen Klavierbau revolutionieren, schaffen die Voraussetzung dafür, daß Klavierspielen zur Mode wird und das Klavier zum festen Inventar bürgerlicher Wohnzimmer. Chopins Karriere als Klavierspieler und Komponist ist von dieser ›Pianomanie‹ des 19. Jahrhunderts nicht zu trennen. Er selbst freilich bleibt einer Welt verhaftet, in der das Klavier seinen eigentlichen Platz im aristokratischen Salon hat, wo es das altehrwürdige, auch als Prunkmöbel außer Mode gekommene Cembalo ablöst. Die bürgerliche Variante beider Instrumente ist das Spinett oder das Clavichord, jenes klangschwache, doch im Vergleich zum Cembalo nuancenreichere Instrument aus der Zeit der Empfindsamkeit, das eher zu Übungszwecken als zum öffentlichen Vortrag geeignet ist und um 1800 nur noch ein Nischendasein fristet. Weit verbreitet – bei Bürgertöchtern ebenso wie bei jungen Offizieren – ist hingegen die Gitarre, der erst durch die platzsparenden und gegenüber dem Tafelklavier oder Flügel auch preiswerteren Klaviertypen (Pianino oder *upright piano*) Konkurrenz erwächst. Mit dem Wandel des Klaviers zum Modeinstrument ändert sich auch das Repertoire. Dem stetig wachsenden Bedarf an mehr oder weniger anspruchslosen Werken für den Hausgebrauch steht die Virtuosenliteratur gegenüber, deren zuweilen recht vordergründige Brillanz auch auf die Etüden für fingerfertige Dilettanten abfärbt. Dazwischen liegt das weite Feld der lyrischen oder Charakterstücke (Bagatelle, Impromptu, Rhapsodie, Romanze etc.), der folkloristischen Tänze (Ecossaisen, Polonaisen, Walzer etc.) und der mit inflationärer Tendenz anschwellenden Variationen über beliebte Opernthemen, in denen sich die Grenze zwischen

Kunst- und Gebrauchsmusik verflüchtigt. Die klassische mehrsätzige Klaviersonate ist noch nicht gänzlich außer Kurs gesetzt, doch als beherrschende Gattung der Klaviermusik hat sie ausgedient. Trotzdem spielt die Auseinandersetzung mit der Sonatenform im Schaffen Chopins eine nicht unbedeutende Rolle, in der Frühphase ebenso wie in späteren Jahren.

12 Zeichnung von Eugène Grasset

stellung und – vergleichbar der Beherrschung der französischen Sprache – Ausweis der Zugehörigkeit zur höheren Gesellschaftsschicht, die sich auch als Bildungselite ihres Landes versteht. Das Bewußtsein, dieser polnischen Elite anzugehören, gepaart mit einer ausgeprägt patriotischen Gesinnung und einer, wie sich bald zeigt, frappierenden Begabung zur Musik, nimmt Frédéric Francis Chopin als Erbe beider Elternteile mit auf den Weg ins Leben.

Die klavierspielende Mutter nimmt sich der musikalischen Erziehung der Kinder an. Schon der dreijährige Frédéric, den man »Frycek« (Fryderyk) ruft, beginnt seiner älteren Schwester nachzueifern, die bereits gute Fortschritte im Klavierspiel macht und sich selbst als Klavierlehrerin an ihrem Bruder versucht. Das Instrument scheint ihn fast magisch anzuziehen, und als er beginnt, Melodien darauf zusammenzusuchen und schließlich an Geschicklichkeit sogar die Schwester übertrifft, beschließen die Eltern, seine weitere Ausbildung in die Hände eines erfahrenen Musikers zu legen. Sie finden ihn in Adalbert (Wojciech) Żywny, einem sechzigjährigen Böhmen, der als junger Geiger nach Polen gekommen war. Seine Ausbildung hatte er in Leipzig erfahren, es heißt sogar, er sei Enkelschüler Johann Sebastian Bachs gewesen. Das erklärt vielleicht seinen altmodischen Musikgeschmack und die Vorliebe für das Clavichord. Es ist also kein Pianist und noch weniger ein Klavierdidaktiker, der Chopins erste Schritte lenkt. Und doch legt Żywny den Grundstein zur späteren Virtuosenlaufbahn des hochbegabten Schützlings, der unter seiner Aufsicht auch als Komponist die ersten Gehversuche macht.

Das früheste Zeugnis seines Talents sind zwei vom Vater aufgezeichnete Polonaisen in g-Moll (K. 889) und B-Dur (K. 1182–1183), komponiert ganz im Geschmack der Zeit. Sie

---

Wichtige polnische Musiker zu Beginn des 19. Jahrhunderts
Joseph Elsner (1769–1854), Musikpädagoge und Komponist (s. S. 30ff.)
Karol Kurpiński (1785–1857), Dirigent und Komponist von Opern und zu seiner Zeit populären patriotischen Liedern. Direktor der Warschauer Oper

Karol Lipiński (1790–1861), Violinist und Komponist. Der Konkurrent von Niccolò Paganini repräsentiert eine konservative, der Klassik verpflichtete Musikauffassung.
Maria Szymanowska (1789–1831), Pianistin und Komponistin. Bereist fast ganz Europa und wird 1822 Hofpianistin der russischen Zarinnen.

zeigen, wie leicht sich der erst Siebenjährige tut, gängige Muster spielerisch nachzuahmen und in etwas Eigenes zu verwandeln, statt nur nachzubuchstabieren, was ihm der Lehrer beibringt. Die Polonaisen jedenfalls lassen nicht viel von der Handschrift Żywnys und seinem konservativen Stilempfinden erkennen.

Voilà, ein Wunderkind

Die Völkerschlacht bei Leipzig leitet den Untergang Napoleons und damit das Ende des Herzogtums Warschau ein. Schon im Februar 1813 sind russische Truppen in Warschau eingerückt, und auch nach der politischen Neuordnung durch den Wiener Kongreß bleibt Rußland die dominierende Macht in Polen. Über das neu gebildete Königreich – ein gegenüber dem Herzogtum nochmals verkleinertes Staatsgebilde (›Kongreß-Polen‹) – herrscht in Personalunion der russische Zar Alexander I., der dem Land jedoch eine recht weitgehende Autonomie zugesteht und auch die Volksvertretung, den Sejm, in die alten Rechte einsetzt. Nicht alle Polen begegnen der Politik des Zaren mit Sympathie, besonders jene nicht, die der Despotie des Zarenbruders Konstantin ausgeliefert sind, der den Oberbefehl über die Armee erhält und halb Warschau in einen Exerzierplatz verwandelt. Weil auch das Sächsische Palais und die umliegenden Gebäude militärisch genutzt werden, weicht das Lyzeum mitsamt dem Pensionat ins Kasimir-Palais aus. Hier, am Sitz der ehemaligen Ritterschule und der noch in Gründung befindlichen

13 Zum Namenstag des Vaters: »Die ganze Welt kommt, um Deinen Namenstag zu feiern, mein lieber Papa. So komme auch ich mit meinen Glückwünschen zu Dir. Mögest Du nie Unannehmlichkeiten erfahren und möge Dir immer ein glückliches Los beschieden sein. Dies sind meine heißen Wünsche – F. Chopin« (1816)

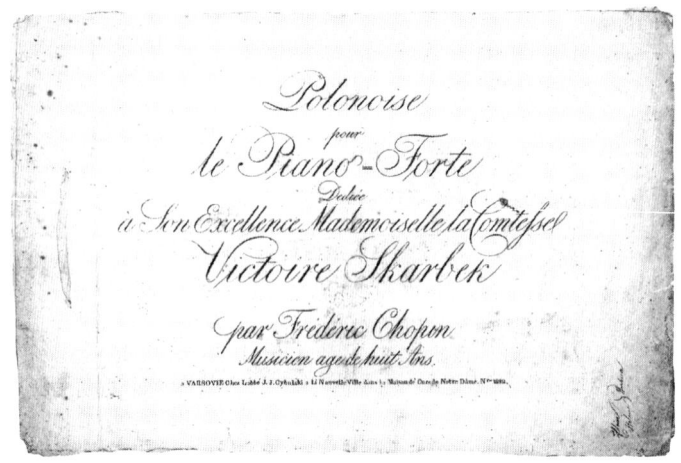

14 Titelblatt der Polonaise g-Moll aus dem Jahr 1817, verfaßt vom siebenjährigen Chopin

Warschauer Universität, bezieht die Familie in einem Nebengebäude neue Räume, groß genug, um auch das Pensionat zu erweitern. Mit den beiden Rektoren von Lyzeum und Universität sowie mit Professorenfamilien wie der des Mathematikers Juliusz Kolberg, die im selben Haus wohnen, pflegt man gute Nachbarschaft und geselligen Kontakt, wozu auch eine Abendunterhaltung jeweils donnerstags im Chopinschen Salon gehört.

Nicht nur die Freunde und Bekannten nehmen Notiz von den bemerkenswerten Talentproben Chopins. Als die erste Polonaise im Druck erscheint – Widmungsträgerin ist Viktoria Skarbek, die Schwester seines Patenonkels, der wohl auch die Drucklegung finanziert –, wird der kaum Achtjährige zum Stadt-

> Wäre dieser junge Mensch in Deutschland oder Frankreich geboren, würde er sicherlich schon die Aufmerksamkeit jeglicher Gesellschaften auf sich ziehen; die hier gegebene Erwähnung möge als Hinweis dienen, daß auch in unserem Lande Genies entstehen, nur daß der Mangel an lauten Nachrichten sie vor dem Publikum verbirgt.
>
> Das ›Warschauer Tageblatt‹, nach Erscheinen der
> g-Moll-Polonaise (zit. n. Zieliński)

gespräch. Das ›Warschauer Tageblatt‹ begrüßt das kleine Werk mit patriotischem Überschwang, als Beweis, »daß auch in unserem Lande Genies entstehen«. Der erste öffentliche Auftritt läßt nicht lange auf sich warten: Am 24. Februar 1818 ist Chopin als Solist eines Klavierkonzerts von Adalbert Gyrowetz die Sensation einer Wohltätigkeitsveranstaltung im Palais Radziwill. Den Jubel des Publikums registriert er mit erstaunlicher Gelassenheit. Am besten, so glaubt er, habe sein weißer Kragen gefallen. Überhaupt scheint ihn die Rolle des Wunderkinds, als das er nun in den vornehmen Häusern der Stadt herumgereicht wird, nicht sonderlich zu belasten. Unbefangen nähert er sich sogar dem Großfürsten Konstantin, dessen gefürchtetes Temperament sich durch einen heute verschollenen Chopinschen Militärmarsch in solches Wohlwollen verwandelt, daß er das Werk bei seinen Paraden spielen läßt und den kleinen Komponisten wiederholt bei sich empfängt. Auch die Zarenmutter und andere auswärtige Besucher wie die gefeierte Sopranistin Angelica Catalani, die ihm eine goldene Uhr verehrt, zeigen sich vom Hätschelkind der Warschauer Salons entzückt.

15 Goldene Taschenuhr, ein Geschenk von Angelica Catalani mit Widmung und eingraviertem Datum

16 **Angelica Catalani** (1780–1849). Die an vielen europäischen Opernhäusern gefeierte italienische Sopranistin wird vor allem wegen ihres phänomenalen Koloraturgesangs gerühmt. Nach Engagements in Italien, Lissabon und London übernimmt sie 1814 in Paris die Leitung des königlichen Théâtre-Italien. Triumphale Konzertreisen führen sie bis nach Skandinavien und Osteuropa. 1827 zieht sie sich von der Bühne zurück.

17 Titelblatt einer Polonaise von **Michal Kleofas Ogiński** (1765–1833), einem der populärsten polnischen Komponisten seiner Zeit. Sein Einfluß ist besonders in den frühen Klavierwerken Chopins erkennbar.

Der Umsicht seiner Eltern ist es zu verdanken, daß Chopin den Wirbel um seine Person unbeschadet übersteht. Strapazen für Leib und Seele, wie ihnen Wolfgang Amadeus Mozart oder Carl Maria von Weber als reisende Wunderkinder ausgesetzt waren, bleiben ihm erspart. Er verlebt eine behütete Kindheit, auch seine schulische Ausbildung verläuft in geregelten Bahnen. 1823 geben ihn die Eltern, statt ihn weiter privat zu unterrichten, in die vierte Klasse des Lyzeums, wo er sich sogleich als einer der besten Schüler auszeichnet. Unter den vielen Freunden aus seiner Schulzeit sind drei, die ihm besonders eng verbunden bleiben: Tytus Woyciechowski, Jan Matuszyński und Julian Fontana. Am innigsten, ja zärtlich gestaltet sich das Verhältnis zu Tytus, seinem bevorzugten Klavierpartner und späteren Reisegenossen. Nicht weniger herzlich zugetan ist er

> **Die Polonaise**
> Eine zentrale Rolle in Chopins Werk spielt die Polonaise, die stilisierte Form eines Schreittanzes, der bis heute bei ländlichen Hochzeitsfesten in Polen zu finden ist. Seit dem 17. Jahrhundert ist er in der deutschen und französischen, seit dem 18. Jahrhundert auch in der polnischen Hofmusik zu Hause. Wie der bäurische ist auch der höfische Tanz geprägt von typischen Sechzehntelfiguren (♫♪ ♪♪♪), bzw. am Schluß ♪♪♪ ♩ ♩). Durch Komponisten wie Ogiński erobert er auch die bürgerliche Welt. Die Polonaise wird zum klingenden Protest gegen die russische Fremdherrschaft und zum musikalischen Modell für eine Vielzahl patriotischer und revolutionärer Lieder. Auch das Chopinsche Polonaisenschaffen atmet, ungeachtet seines oft hochartifiziellen Charakters, diesen revolutionären Geist.

18 **Albert (Wojciech) Żywny** (1756–1842), nach einem Ölgemälde von Ambroży Mieroszewski angefertigte Kopie von Kunicka-Bogacka. Żywny, in Böhmen geboren und in Leipzig ausgebildet, kommt in den 90er Jahren des 18. Jahrhunderts als privater Musiklehrer nach Warschau. Der stets auffallend unmodern gekleidete Żywny wird als kauziger, doch liebenswerter Zeitgenosse beschrieben. Chopin verdankt ihm die erste Begegnung mit der Musik Johann Sebastian Bachs.

dem etwas älteren Jan Białoblocki, Adressat zahlreicher Briefe, in denen Chopin seiner Lust an witzigen Sprachspielereien freien Lauf läßt.

Der Unterricht bei Żywny endet 1822. Eine Art Abschiedsgeschenk für den verehrten Lehrer ist die im Jahr zuvor entstandene Polonaise in As-Dur (K. 1184), die, obwohl sie wie die beiden Vorgängerwerke dem harmonisch schlichten Stil Michał Kleofas Ogińskis verpflichtet bleibt, einen deutlichen Zuwachs an pianistischer Souveränität offenbart. Um seine weitere musikalische Ausbildung kümmern sich nun der Komponist Joseph Anton Franz Elsner, auch er ein Freund der Familie, und Wilhelm Wacław Würfel, ein glänzender Pianist und Klavierlehrer

> Ich habe Dir zwei Arien aus dem ›Freischütz‹ dafür gekauft, mit denen Du zufrieden sein dürftest. Sie sind zwar für eine Frauenstimme […], aber da ich weiß oder es mir wenigstens vorstellen kann, wie hoch und dünn Du dort singen mußt, mein teures Leben, wenn Dich Dein Bein schmerzt (von dem ich nichts weiß), werden sie gerade gut für Dich sein.
> *Frédéric in einem Brief vom 8. Januar 1827 an seinen kranken Jugendfreund Jan Bialoblocki*

19 Das Königliche Schloß in Warschau. Stahlstich, um 1835

am von Elsner gegründeten Warschauer Konservatorium, der ihm auch das Orgelspielen beibringt. Spielpraxis erwirbt Chopin als Schulorganist am Lyzeum und als Improvisator auf dem ›Äolomelodikon‹, einem neuartigen Harmonium, das er im Frühjahr 1825 öffentlich präsentiert. Der bei der Vorführung im Rahmen der feierlichen Eröffnung des Sejm anwesende Zar ist davon so angetan, daß er dem Solisten und dem Erbauer des Instruments, Karol Brunner, Brillantringe zum Geschenk macht. Auf einem ähnlichen Instrument, dem ›Äolopantaleon‹, das die Technik des Harmoniums mit der des Hammerflügels kombiniert, konzertiert Chopin wenig später im Saal des Konservatoriums, ein Ereignis, von dem sogar die ›Leipziger Allgemeine Musikalische Zeitung‹ berichtet, für die Würfel gelegentlich als Korrespondent arbeitet.

Der »style brillant«
Dank der Verbesserungen im Klavierbau und der damit verbundenen Revolution der Klaviertechnik prägt sich zu Beginn des 19. Jahrhunderts ein neuer virtuoser Klavierstil aus. Propagandisten des Style brillant sind reisende Virtuosen. Zu ihren Erfolgsrezepten gehören Variationen über beliebte Opernthemen, die eine Zeitlang auch den Notenmarkt beherrschen. Viele Virtuosen betätigen sich auch als Verfasser von Klavierschulen und Übungswerken, allen voran Johann Baptist Cramer, dessen vielgespielte Etüden Robert Schumann als »das allgemein Bildende für Hand und Kopf« bezeichnet.

Ebenso schnell, wie er der Welt Żywnys entwachsen ist, läßt Chopin auch seinen neuen Lehrer hinter sich. Insgesamt sind es nur vier Jahre, die er, eher sporadisch, Würfels Unterricht in Anspruch nimmt. Um seine Fähigkeiten weiterzuentwickeln, bedarf es keines Drills, sondern nur einiger Fingerzeige beim Durchkämmen des neuesten Notenmaterials. Mit unstillbarem Appetit verschlingt Chopin fast alles, was auf dem Markt ist; die technischen Hürden der zeitgenössischen Klavierkunst überwindet er mit Leichtigkeit.

Indem er sich den »style brillant« von Komponisten wie John Field, Johann Nepomuk Hummel, Ferdinand Ries oder Carl Maria von Weber anverwandelt, prägt sich sein eigener Klavierstil auf unverwechselbare Weise aus. Esprit und noble Eleganz in technischer Vollendung, nicht bloß zur Schau gestellte Fingerfertigkeit, zeichnen schon den jungen Künstler aus. Die Anmut und Vornehmheit seiner zerbrechlich wirkenden äußeren Erscheinung verleihen ihm vollends die Aura des jugendlichen Genius.

Zeitungsberichte über Auftritte des Dreizehnjährigen in Warschau, die den exquisiten Geschmack und die Präzision seines Vortrags rühmen, bringen erstmals den Namen Franz Liszt ins Spiel, auch er ein Wunderkind, das in Wien, wie Chopin in Warschau, »einen Mozart zu ersetzen verspricht«. Obwohl sie ungefähr gleichaltrig sind und einander an Geschicklichkeit nicht nachstehen, verkörpern doch beide, wie sich bald zeigt, extreme Gegensätze: Hier Liszt, der mit zum Selbstzweck gesteigerter Tastenakrobatik und donnernder Attacke Klaviersaiten zum Bersten bringt, dort Chopin, der einen intimen Ton und filigrane Effekte bevorzugt, sich mit zunehmendem Alter dem großen öffentlichen Auftritt immer mehr verweigert und beim Komponieren skrupulös vermeidet, technischen Aufwand auf Kosten der musikalischen Substanz zu treiben.

Klaviervirtuosen des 18. und 19. Jahrhunderts
Johann Baptist Cramer (1771–1858)
Johann Nepomuk Hummel (1778–1837)
John Field (1782–1837)
Ferdinand Ries (1784–1838)
Friedrich Kalkbrenner (1785–1849)
Carl Czerny (1791–1857)
Ignaz Moscheles (1794–1870)

Ohne die Einflüsse des Style brillant ist die Klaviermusik Chopins nicht vorstellbar. Zum Vermittler der Klavierästhetik seiner Zeit wird **Wilhelm Waclaw Würfel** (1791–1832), der seit 1821 am Warschauer Konservatorium Klavier- und Orgelspiel lehrt.

In den frühen Werken, die er während der Lehrjahre bei Elsner und Würfel schreibt – in erster Linie Mazurken und Polonaisen, aber auch Größeres wie die Variationen über das deutsche Volkslied ›Der Schweizerbub‹ (K. 925–927) –, ist dieses Ringen um Balance noch nicht erkennbar, im Detail wie in der formalen Anlage fehlt ihnen oft der letzte Schliff. Doch ihre tänzerische Elastizität und Grazie bleiben auch den reiferen Werken eigentümlich, die bei aller Konzentration des Ausdrucks und der Faktur noch in ihren melancholischsten Momenten den Gestus spielerischer Eleganz bewahren.

Abschied von der Kindheit

Von der Schwermut, die den erwachsenen Chopin umwölkt, ist in seiner Jugend wenig zu spüren. Seine schwächliche Konstitution, die Schonung und die Einhaltung einer kräftigenden Diät verlangt, bereitet den Eltern Sorge; ihn selbst scheint es wenig zu bekümmern. Theater spielend, Karikaturen zeichnend, Possen reißend, so zeigt er sich im Spiegel der Berichte aus seiner Jugendzeit. Unbeschwert und sprühend von kecken Einfällen tritt er uns auch in seiner Eigenschaft als Gründer, Herausgeber und Redakteur des ›Szafarnischen Kuriers‹ entgegen, einer Urlaubspostille mit Reportagen aus Szafarnia, 150 Kilometer nordwestlich von Warschau, wo er zweimal auf Einladung der Eltern seines Schulfreundes Dominik Dziewanowski die Sommerferien verbringt.

Ganz im Stil ihrer Hauszeitung, dem ›Warschauer Kurier‹, berichtet er den Eltern von den Tagesereignissen in Szafarnia und dem Treiben in den Nachbardörfern. Unter »Nachrichten aus dem Ausland« etwa findet sich die Mitteilung: »In Bocheniec fraß ein Fuchs zwei wehrlose Gänseriche«; auch die Dorfgeschichte wird mit einer eigenen Rubrik bedacht: »National-Ge-

20 Die aus den Jugendjahren erhaltenen Karikaturen zeugen nicht nur von Chopins Humor, wie er sich auch in seinen Briefen zeigt, sondern auch von einer erstaunlichen zeichnerischen Begabung.

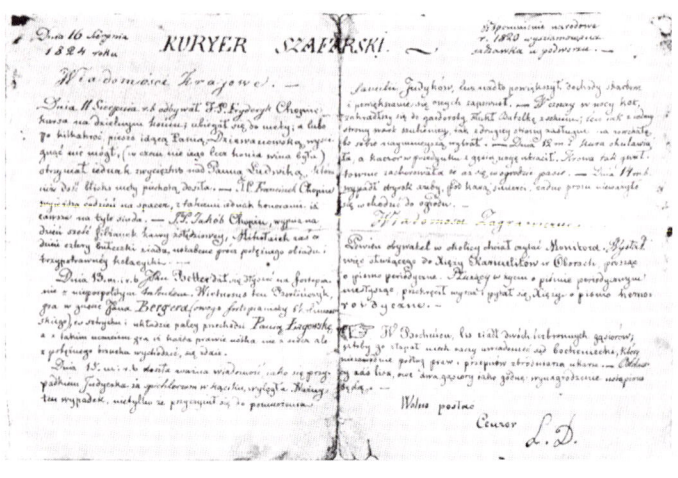

21   Der ›Szafarnische Kurier‹ vom 16. August 1826

dächtnis im Jahre 1820: Weiher im Hof entschlammt«. Seine Beiträge, die er mit dem Anagramm »Pichon« unterzeichnet, läßt er völlig korrekt im Sinne der in Polen wiedereingeführten Pressezensur von der Tante seines Freundes absegnen: »Absendeerlaubnis erteilt, Zensor L[udwika]. D[ziewanowska].« – eine spöttische Geste, Zeugnis einer bemerkenswerten parodistischen Begabung, die er auch als Karikaturist und Komödiant beweist, am eindrucksvollsten wohl in der Rolle

> Am 29. M. diesen Jahres hörte der V. Herr Pichon, als er durch Nieszawa fuhr, eine auf dem Zaun sitzende Catalani, die aus voller Kehle irgend etwas sang. Das beschäftigte ihn sehr, aber obwohl er die Melodie und die Stimme hörte, war er damit nicht ganz zufrieden und versuchte, den Text herauszuhören. Zweimal ging er am Zaun entlang – aber vergeblich, denn nichts verstand er; bis er schließlich, außer sich vor Neugier, drei Groschen hervorholte und sie der Sängerin versprach, wenn sie ihren Gesang wiederholte. Sie zierte sich lange und wollte sich herauswinden, aber verlockt von den drei Groschen, entschloß sie sich und sang einen kleinen Mazurek, von dem der Herausgeber, mit Erlaubnis der Obrigkeit und der Zensur, nur eine Strophe als Muster anführt: Sieh nur dort hinter den Schobern, hinter den Schobern, wie der Wolf tanzt / Er hat doch keine Frau, darum eifert er sich so (Wiederholung).
> *Bericht aus dem ›Szafarnischen Kurier‹*
> *(zit. n. Zieliński)*

22 Polnische Dorfmusikanten, wie ihnen Chopin bei seinen Landaufenthalten begegnet. Die polnische Volksmusik bleibt bis ans Lebensende seine wichtigste Inspirationsquelle.

des Bürgermeisters Dickbauch in einer zusammen mit der dichterisch begabten Schwester Emilia verfaßten Verskomödie, aufgeführt zum Namenstag des Vaters im Dezember 1824.

Die nachhaltigsten Ferienerlebnisse sind Begegnungen mit den Bauern von Szafarnia, ihren Liedern und Melodien, die er mit dem Eifer eines wahren Volkskundlers studiert. Als Solist auf einem einsaitigen Kontrabaß spielt er selbst einmal den Dorfmusikanten. Es ist eine Berührung mit den Wurzeln seiner eigenen Musik, deren folkloristischer Charme bald ganz Europa gefangennehmen wird.

Außer zu diesen Ferienaufenthalten hat Chopin bis zum Alter von 16 Jahren Warschau kaum verlassen. 1826 jedoch macht eine Tuberkulose-Erkrankung Emilias es erforderlich, mit ihr

---

Viele Kenntnisse über die Volksmusik Polens im 19. Jahrhundert sind der Sammlertätigkeit **Oskar Kolbergs** (1814–1890) zu verdanken, dessen Vater schon bei Chopins verkehrte. Kolberg, von Beruf Pädagoge und Buchhalter, aber wie Chopin ein Schüler Elsners, zeichnet in seiner Freizeit fast 13 000 Volkslieder und -tänze auf. Seine wissenschaftliche Akribie macht ihn zu einem Vorläufer der modernen Musikethnologie. Anhand seiner Sammlungen lassen sich die Quellen, aus denen Chopin schöpfte, z. T. unmittelbar erschließen. Kolbergs eigene Volksliedbearbeitungen werden von Chopin allerdings nicht sonderlich geschätzt.

zusammen ein Heilbad aufzusuchen. Die Mutter begleitet sie. Von einem kurzen, von Szafarnia aus unternommenen Ausflug ins benachbarte preußische Thorn (Thoruń) abgesehen, ist es die erste Auslandsreise, und auch sie führt nicht sehr weit. Ziel ist das niederschlesische, damals zu Preußen gehörende und heute wieder polnische Bad Reinerz (Duszniki-Zdrój). Tapfer unterzieht sich Chopin einer Trinkkur mit Heilwasser und Molke.

Was ihm die Kur zusätzlich vergällt, ist der erbärmliche Zustand des zur Unterhaltung der Gäste aufspielenden Blasorchesters; auch die Klaviere im Ort sind kaum zu gebrauchen – »plus de peine que de plaisir«, schreibt er in einem Brief an Elsner. Trotzdem absolviert er aus eigenem Antrieb zwei Benefizkonzerte, deren Erlös den verwaisten Kindern eines Kurgastes zugute kommt. (Manche Biographen sagen, die Mutter der Kinder sei während des Kuraufenthalts gestorben, andere behaupten, sie seien von ihrem Vater im Stich gelassen worden.)

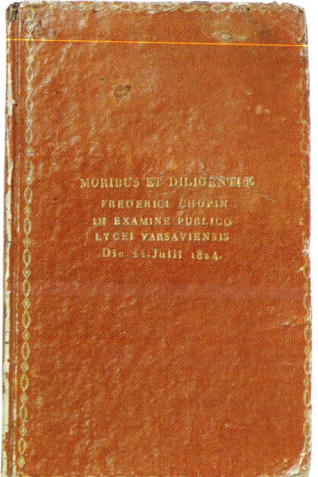

Nach der Rückkehr aus Bad Reinerz und einem dreitägigen Zwischenaufenthalt in Breslau tritt Chopin im Oktober 1826 in die Kompositionsklasse Elsners am Warschauer Konservatorium ein und verzichtet dafür auf das letzte Schuljahr am Lyzeum. Nebenher besucht er Universitätsvorlesungen in Geschichte und Literatur, die sein Inter-

23 »Frédéric Chopin für gute Führung und Fleiß in der öffentlichen Prüfung am Warschauer Lyzeum, den 24. Juli 1824.« Chopin erhält dieses Buch – ein mathematisches Lehrwerk von Gaspard Monge – als Preis zum erfolgreichen Abschluß der vierten Klasse. Gemeinsam mit ihm wird auch Jan Matuszyński ausgezeichnet, sein Freund und späterer Mitbewohner in Paris.

24 Bad Reinerz. Lithographie von Rosmäsler, 1842. Chopin besucht den Kurort im Sommer 1826 zusammen mit seiner Mutter und seiner Schwester Emilia.

esse auf die aufblühende polnische Romantik lenken. Zu seinen bevorzugten Dozenten gehört der Dichter Kazimierz Brodziński, der auch sein Wohnungsnachbar ist und häufiger Gast im elterlichen Salon. Als einer der profiliertesten Vertreter der neuen Richtung, die dem sich auch politisch immer schärfer artikulierenden Nationalbewußtsein künstlerischen Ausdruck verleiht, bezieht Brodziński Stellung gegen die Traditionalisten: »Jede nationale Literatur ist besser, nützlicher, für die Nachkommen herrlicher und selbst in ihren Fehlern edler als eine nach fremden Mustern gebildete. [...] Laßt die kalten Theoretiker und blinden Verehrer der Genies behaupten, was

> Die herrlichen Aussichten, die das schöne Schlesien bietet, entzücken und bezaubern mich, dennoch fehlt mir etwas, was mir alle Schönheiten von Reinertz nicht ersetzen können, nämlich ein gutes Instrument.
> Stellen Sie sich vor, Monsieur, daß es hier nicht ein einziges gutes Klavier gibt, und alle, die ich hier zu sehen bekam, sind Instrumente, die mir mehr Qual als Freude bereiten; zum Glück wird diese Marter nicht mehr lange dauern, der Zeitpunkt, da wir von Reinertz Abschied nehmen, naht.
> *Ausschnitt aus einem Brief vom 29. August 1826*
> *aus Bad Reinerz an seinen Lehrer Elsner*

25 Manuskript eines noch in Warschau entstandenen Walzers in As-Dur, postum veröffentlicht

sie wollen, aber ich wiederhole, daß ohne patriotische Gefühle auch die Werke der Genies nicht erhaben sein können.«

Wie sehr auch die Musik und damit er selbst ein Teil dieser national-romantischen Strömung ist, wird dem sechzehnjährigen Chopin mehr und mehr bewußt, doch erst in Paris, fünf Jahre später, wird ihm zur schmerzlichen Gewißheit, daß mit dem Verlust der Heimat auch ein Teil seiner künstlerischen Identität verlorengeht.

Chopin ist ein begnadeter Pianist und glänzender Improvisator am Klavier und auf der Orgel; zum gestandenen Komponisten freilich fehlt ihm noch die handwerkliche Reife. Am Konservatorium, wo er sich im strengen Satz übt und seine Kenntnisse der Harmonie- und Formenlehre vertieft, ist er ei-

---

Werke der Warschauer Zeit

Für Klavier allein
›Contredanse‹ Ges-Dur (1827?)
Drei Ecossaisen op. 72 Nr. 3 (1826–1830)
Klaviersonate b-Moll op. 4 (1827–1828)
›Marche funèbre‹ c-Moll
Mazurken B-Dur, G-Dur (1825–26)
Mazurka G-Dur op. 67 Nr. 1 (1829–1830)
Mazurken op. 68 Nr. 1–3 (1827–1830)
Verschiedene frühe Polonaisen (1817–1826)

ner der besten Schüler, ohne jedoch zu dem universellen Komponisten heranzureifen, den Elsner aus ihm machen möchte. Seine Domäne bleibt das Klavier und seine bevorzugte Ausdrucksform die musikalische Miniatur.

In seinen ersten Werken für größere Besetzungen, nicht zuletzt den Klavierkonzerten, täuscht die brillante Klavierbehandlung über manches Schülerhafte dieser Arbeiten hinweg. Zumindest in den während oder kurz nach der Konservatoriumszeit entstandenen Kompositionen – mithin dem weitaus größten Teil der insgesamt ja kaum ein Dutzend Werke für Kammermusik oder Klavier und Orchester – überwiegt konventionelles Denken das eigenschöpferische Element. Auch die reinen Klavierstücke jener Jahre wirken bei aller Erfindungskraft und pianistischen Souveränität nicht immer überzeugend.

Zu den verlorengegangen Kompositionen aus dieser Zeit gehört neben einer Reihe von Tänzen auch ein ›Andante dolente‹ in b-Moll, das, wie der Titel und die wenigen erhaltenen Anfangsnoten nahelegen, den gleichen schmerzlichen Ton anschlägt wie der vermutlich Anfang 1826 als Reminiszenz an das Begräbnis von Stanisław Staszic entstandene Trauermarsch in c-Moll (K. 1059–1068, postum veröffentlicht). Wie sehr es Chopin berührt hat, beim Trauerzug für diesen von allen polnischen Patrioten verehrten Politiker und Mitbegründer der Warschauer Universität dabeizusein, zeigt ein Brief, in dem er berichtet, wie sich die Menschen »um den

Drei Polonaisen op. 71 (1827–1829)
›Rondeau à la Mazur‹ op. 5 (1826–1827)
Rondo c-Moll op. 1 (1825)
Rondo C-Dur op. 73 (1825–1826?)
Variationen über:
›Der Schweizerbub‹ (1824)
ein Thema von Moore (1826)
ein Thema von Paganini (1829)
Walzer Des-Dur op. 70 Nr. 3 (1829)
Walzer h-Moll op. 69 Nr. 2 (1829)
Walzer E-Dur (1829)

Kammermusikalische Werke
›Introduction et Polonaise brillante‹ C-Dur für Klavier und Violoncello op. 3 (1829–1830)
Klaviertrio g-Moll op. 8 (1828–1829)
Lieder

Werke für Klavier und Orchester
›Grande Fantaisie sur des airs polonais‹ A-Dur op. 13 (1829)
Klavierkonzerte f-Moll op. 21 und e-Moll op. 11 (1829–1830)
›Krakowiak‹ für Klavier und Orchester F-Dur op. 14 (1828)
Variationen über ›Là ci darem la mano‹ op. 2 (1827–1828)

26   Frédéric Chopin.
Ölgemälde von Ambroży
Mieroszewski, 1829.
Das heute verschollene
Gemälde ist das wohl
früheste Chopin-Portrait.

Sarg rissen«, und daß auch er »zur Erinnerung ein Stückchen Trauerflor habe, mit dem die Totenbahre bedeckt war«. Der Adressat des Briefes ist selbst ein Todgeweihter, Jan Białobłocki, doch Chopin scheint nicht zu wissen, wie es um den Freund steht. Auch den Tod der eigenen Schwester Emilia ahnt er nicht voraus. Sie stirbt am 10. April 1827, der Freund elf Monate später – beide an Tuberkulose.

Im Sommer dieses Jahres, das die Familie erschüttert, geben die Eltern den Pensionsbetrieb auf und ziehen in eine andere Wohnung. Chopin verbringt die Ferien auf dem Land. Nach Warschau zurückgekehrt, geht er mit besonderem Eifer ins neue Studienjahr, um seinem erwartungsvollen Lehrer ein größeres Werk zu präsentieren: die c-Moll-Sonate op. 4. Doch nicht nur in formaler Hinsicht kommt die Sonate noch recht

Eines der gewaltigsten Bravourstücke! Es erfordert ungeheuer grosse Hände. Alles ist, für beyde Hände, übervoll gepackt. Nur ganz tüchtige Spieler – so etwa Paganini's auf dem Pianof. – werden es bezwingen und ausführen, wie sich's gehört. Allenfalls kann man's, auch mit Händen, die nicht ganz so gross sind als ein paar mässige Bratschen, einstudiren […]
Aus Schumanns Rezension von Chopins Variationen über ›Là ci darem la mano‹ (›Allgemeine Musikalische Zeitung‹, 7. Dezember 1831)

ungelenk daher. Ebenso wie in dem zwei Jahre später entstandenen Klaviertrio in g-Moll op. 8 versucht Chopin, der klassischen viersätzigen Form zu entsprechen, ohne deren Gestaltungsmöglichkeiten auszuschöpfen; auch der Herausforderung, die jeweiligen Kopfsätze weitgehend monothematisch, d.h. unter Verzicht auf den seit der Klassik quasi obligatorischen Themendualismus zu gestalten, zeigt er sich nicht gewachsen, um so weniger, als seine Versuche, die tonalen Schwerpunkte zu verlagern und dadurch Spannungsbögen aufzubauen, meist unentschlossen in die Grundtonart zurückführen.

Weniger als in diesen beiden Werken verleugnet er sein Talent zur Melodie, zur feinziselierten Ornamentik und rhythmischen Finesse in dem zuvor komponierten ›Rondeau à la mazur‹ in F-Dur op. 5. Auch gegenüber dem 1825 als ›offizielles‹ Opus 1 gedruckten c-Moll-Rondo, dem etwas von einer akademischen Trockenübung anhaftet, obwohl es ja noch vor Beginn der Studien am Konservatorium entstand, wirkt dieses Stück freier und persönlicher, was einerseits an der folkloristischen Färbung liegt, andererseits aber auch an der Vermeidung leerer, aufgesetzt wirkender Effekte, die das Erscheinungsbild der Rondos op. 16 und op. 73 von 1828/1829 bestimmen.

Die vollkommene Beherrschung des brillanten Stils zu demonstrieren, ohne ins seichte Fahrwasser berühmt-berüchtigter ›Variationenschmiede‹ wie Friedrich Kalkbrenner, Henri Herz oder François Hünten zu geraten, diese gewiß bemerkenswerte Leistung vollbringt Chopin als Achtzehnjähriger mit seinen Variationen über ›Là ci darem la mano‹ op. 2 für Klavier und Orchester. Äußerlich folgen sie dem Muster zahlloser Variationen über beliebte Opernmelodien, die damals den Markt förmlich überschwemmen, doch anders als in den

---

Herr Chopin ist mutmasslich Pole, wenigstens darf man es vermuten, denn er hat sein Werk einem Polen dedicirt, wenn auch den Wandalismus, den er gegen die Mozartsche Melodie begangen hat, nicht zu den Kennzeichen rechnen wollte, dass das Werk aus einem rohen Slavischen Völkerstamme hervorgewachsen ist.
Aus Rellstabs Rezension der Mozart-Variationen in der von ihm gegründeten Musikzeitung ›Iris im Gebiete der Tonkunst‹ (1832)

[...] über die ich vor einigen Tagen aus Kassel von einem über diese Variationen begeisterten Deutschen eine zehn Bogen lange Rezension erhielt, in der er nach riesigen Einleitungen zur Analyse, Takt für Takt, schreitet und erläutert, daß dies nicht Variationen wie alle anderen seien, sondern irgendein phantastisches Tableau. – Zur zweiten Variation sagt er, daß da Don Juan mit Leporello laufe, zur dritten, daß er Zerline umarme und Mazetto sich in der linken Hand darüber ärgere – und zum 5. Takt des Adagios behauptet er, daß Don Juan die Zerline in Des-Dur küsse). [...] Sterben könnte man bei dieser Imagination des Deutschen, der sich dagegen versteift, sein Schwager solle dies Fetis in die ›Revue Musicale‹ geben, wovor mich der brave Hiller [...] nur mit Mühe bewahren konnte [...]

*Chopin in einem Brief vom 12. Dezember 1831 an Tytus Woyciechowski
über eine von Friedrich Wieck veröffentlichte Rezension der
Variationen über ›Là ci darem la mano‹ von Mozart*

meisten dieser Werke beschränkt Chopin sich nicht darauf, das Thema in allen Facetten pianistischer Bravour schillern zu lassen, vielmehr empfindet er auch den dramatischen Hintergrund und emotionalen Gehalt der Opernszene aus Mozarts ›Don Giovanni‹ nach, ohne sich freilich von konkreten Bildern leiten zu lassen. Die programmatische Deutung Robert Schumanns, der das Werk 1831 in einer nachgerade hymnischen Besprechung den Lesern der ›Allgemeinen Musikalischen Zeitung‹ (AMZ) nahebringt, bleibt Chopin fremd. Friedrich Wieck, der Vater Clara Schumanns und als Klavierpädagoge und Kriti-

27 **Friedrich Wieck** (1785–1875). Ölgemälde, um 1835. Nach seinem Theologiestudium gründet er eine Klavierbaufirma und eine ›Musikalische Leihanstalt‹ in Leipzig, wo er bis 1840 auch als Musiklehrer tätig ist. Als erfolgreicher Klavierpädagoge führt er seine Tochter Clara zu internationalem Ruhm. Sein späterer Schwiegersohn Robert Schumann, mit dem er 1834 die ›Neue Zeitschrift für Musik‹ ins Leben ruft, gehört ebenso zu seinem Schülerkreis wie der Klaviervirtuose und Dirigent Hans von Bülow.

28 **Joseph Elsner** (1769–1854). Portrait von Fayans. Als Kapellmeister kommt er 1799 an das Nationaltheater in Warschau, wo er eine umfassende kompositorische Tätigkeit entfaltet. Schwerpunkt seines Schaffens ist die Oper. Bleibende Verdienste erwirbt er sich als Gründer des Warschauer Konservatoriums und als Lehrer Frédéric Chopins, dessen Talent er frühzeitig erkennt und fördert, ohne ihn in eine bestimmte Richtung zu drängen.

ker eine gefürchtete Autorität, urteilt jedoch ähnlich wie sein Schwiegersohn in spe: »Herr Chopin hat das Duett aus Don Juan zum Thema gewählt, nicht bloß um Variationen darüber zu schreiben; sondern er hat grade dieses Thema benutzt, um das ganze, gewagte, wilde, verwegene und in Liebe schwelgende Leben eines Don Juan anzudeuten. Er hat dies, nach meiner Meinung, in den genialsten und kühnsten Zügen getan, und ich möchte in diesem, wie soll ich sagen, Phantasie-Bravourstück auch nicht einen Takt entbehren, so charakteri-

> Was Dich anbetrifft, lieber Frédéric, so habe ich niemals daran gedacht, aus Dir meinen Schüler machen zu wollen. Ich sage das mit Stolz, obgleich ich mich beglückwünsche, Dir Harmonielehre und Kontrapunkt beigebracht zu haben. In der Kompositionslehre soll man keine Vorschriften erteilen, vor allem nicht Schülern, deren Fähigkeiten augenscheinlich sind: sie sollen sie selbst herausfinden, damit sie sich einst selbst übertreffen, mögen sie nur die Mittel besitzen, das zu finden, was noch nicht gefunden ist. Das, womit der Künstler seine Zeitgenossen in Staunen versetzt, soll er nur aus sich haben und durch eigne Vervollkommnung erreichen.
>
> *Elsner in einem Brief vom 27. November 1831 an Chopin (zit. n. MGG, Bd. 3)*

stisch scheint mir alles hingestellt, vom ersten Takte der großen und originellen Introduction an bis zum letzten der, von Champagner-Rausch überströmenden, Polonaise.« Von »Vandalismus gegen die Mozartsche Melodie« hingegen spricht der nicht minder gefürchtete Berliner Dichter und Musikschriftsteller Ludwig Rellstab, der sich noch mehrfach als einer der garstigsten Kritiker des polnischen ›Vandalen‹ hervortun wird.

Chopins Liebe zur Oper – er ist ein eifriger Besucher des Nationaltheaters – und im besonderen zu Mozart nährt bei allen, die ihm nahestehen, die Hoffnung, er selbst möge einmal eine Oper schreiben. Doch je mehr er sich bedrängt fühlt, desto mehr scheint er sich diesem Gedanken zu verschließen. Umstimmen läßt er sich weder von seiner Schwester Ludwika noch von Joseph Elsner, der seinen ganzen pädagogischen Ehrgeiz dareinsetzt, ihn in allen Gattungen der Musik sattelfest zu machen. Der Professor erhofft sich Großes von seinem Zögling, als er ihm zum Abschluß des dreijährigen Studiums am Konservatorium offiziell bescheinigt, ein musikalisches Genie zu sein. Doch Chopin liegt es fern, unter Beweis zu stellen, daß er jener polnische Mozart ist, den man seit seinen Kindertagen in ihm sehen möchte. Seine Berufung ist das Klavier, und daß er sich auch als Klavierkünstler in Europa noch bewähren muß, weiß er wahrscheinlich besser als alle anderen, die sich von seinen leicht errungenen Warschauer Erfolgen und ihrem eigenen Kunstpatriotismus blenden lassen.

Aufbruch mit Hindernissen

Fast alle Komponisten des 18. Jahrhunderts, soweit sie nicht im Dienst der Kirche standen, waren abhängig von der Gunst adliger Brotgeber und Gönner. Erst Mozart und Beethoven ist es gelungen, sich aus dieser Abhängigkeit zu lösen. Auch das macht sie zu Wegbereitern nachfolgender Generationen, denen der rasante Aufschwung des Konzert- und Verlagswesens eine freischaffende Existenz ermöglicht. Aber auch im 19. Jahrhundert geht die Kunst nach Brot. Wie vordem das Unterhaltungs- und Repräsentationsbedürfnis adliger Dienstherren der schöpferischen Freiheit Grenzen setzte, so sind es jetzt die Gesetze des Marktes und der Moden, denen sich auch Chopin zu beugen hat. Der Kredit, den das Publikum aufstrebenden Genies wie ihm gewährt, ist schnell verspielt. Wer bestehen will auf den Podien von Wien, Paris und London, muß nicht nur Talent mitbringen, sondern auch die Gabe, den Erfolg zu inszenieren. In den europäischen Musikhauptstädten, wo sich das Glück entscheidet, kommt es vor allem auf die Presse an, die den Ruhm eines Künstlers, aber auch seine Niederlagen, bis in den letzten Winkel der Musikwelt transportiert.

Chopin ist klug genug, seine Ziele nicht aufs Geratewohl anzusteuern, und bietet, ehe er sich als Pianist im Ausland präsentieren will, die Mozart-Variationen und die c-Moll-Sonate dem Wiener Verlagshaus Haslinger zum Druck an. Aber die erhoffte Resonanz bleibt aus, der Verlag würdigt ihn nicht einmal einer Antwort. Auf die internationale Aufmerksamkeit, die ihm die bereits erwähnte Schumann-Rezension einträgt, muß er noch einige Zeit warten. Die Entschei-

29 **Tobias Haslinger** (1787–1842), der Wiener Verleger Beethovens und Schuberts. Die Notenausgaben Haslingers zeichnen sich durch eine besonders sorgfältige drucktechnische Gestaltung aus. Bei Haslinger erscheinen u. a. Werke von Czerny, Herz, Hummel, Moscheles und Weber; den größten wirtschaftlichen Erfolg freilich erzielt er mit den Werken der Wiener Walzerkönige Josef Lanner und Johann Strauß (Vater und Sohn).

dung freilich, Warschau zu verlassen, um sich im Ausland bekanntzumachen, ist gefallen. Die Eltern bestärken ihn darin ebenso wie Elsner, und auch Würfel, der sich inzwischen in Wien niedergelassen hat, will alles tun, seinem ehemaligen Schüler dort Entrée zu verschaffen. Doch der bereits 1828 gefaßte Plan einer Wienreise in Begleitung seines Vaters zerschlägt sich in letzter Minute, statt dessen bietet sich die Gelegenheit, den Zoologen Feliks Jarocki für zwei Wochen nach Berlin zu begleiten. Er ist ein Freund der Familie und soll dort auf Einladung Alexander von Humboldts an einem Kongreß teilnehmen.

Zu einem Auftritt in der preußischen Hauptstadt kommt es nicht, auch der Wunsch, bei der Besichtigung zweier Klavierfabriken einige Instrumente auszuprobieren, bleibt unerfüllt. Eine Begegnung mit den großen Musikerpersönlichkeiten der Stadt, allen voran dem jungen Felix Mendelssohn Bartholdy, dessen Lehrer Carl Friedrich Zelter und dem Leiter der Hofoper, Gasparo Spontini, findet nur aus der Entfernung statt. Immerhin kann er einige Opernaufführungen besuchen, darunter Peter von Winters ›Das unterbrochene Opferfest‹, Carl Maria von Webers ›Der Freischütz‹, die er beide bereits aus Warschau kennt, und Spontinis ›Fernand Cortez‹. Mehr als von diesen Opern zeigt er sich allerdings von einem damals schon neunzig Jahre alten Werk beeindruckt: Georg Friedrich Händels ›Cäcilienode‹, die er in Zelters Berliner Singakademie hört; sie entspreche »mehr dem Ideal, das ich mir von der großen Musik gebildet habe«, berichtet er nach Hause.

Auf der Rückreise nimmt er die Gelegenheit wahr, einer schon früher ausgesprochenen Einladung des Fürsten Antoni Radziwiłł nachzukommen, der als Statthalter des Königs von Preußen in Posen residiert. Auf einem der dort regelmäßig stattfindenden

> Spontini, Zelter, Mendelssohn habe ich gesehen, habe mich aber mit keinem von ihnen unterhalten, denn ich wagte nicht, mich ihnen selbst vorzustellen. Radziwiłł soll heute eintreffen, nach dem Frühstück gehe ich mich danach erkundigen. Die Fürstin von Liegnitz habe ich in der Singakademie gesehen, und als ich jemanden in einer Art Livrée bemerkte, fragte ich meinen Nachbarn, ob dies ein Kammerdiener des Königs sei. »Das ist von Humboldt«, erwiderte er. [...] Morgen ›Freischütz‹, das eben brauche ich. Ich werde Vergleiche ziehen können. Heute habe ich ein Billett für ein gemeinsames Diner im Exerzierhaus erhalten. Es haben sich jetzt mehr Karikaturen angesammelt.
> *Chopin in einem Brief aus Berlin an seine Eltern (20. September 1828)*

30 Im Salon des Fürsten Radziwiłł. Gemälde von Henryk Siemiradzky, 1887

musikalischen Empfänge gerät Chopins Auftritt unversehens zur Sensation. Gefeiert für seine Darbietung von Werken Joseph Haydns, Beethovens und Hummels und gewiß nicht weniger für seine eigenen Werke und Improvisationen, geht die zunächst so unbefriedigend verlaufene Berlinreise letztlich ermutigend zu Ende. Nun gilt es, das aufs nächste Jahr verschobene Wien-Abenteuer anzugehen, was vor allem bedeutet, den Musterkoffer zu sortieren und noch ein paar erfolgversprechende Werke mit hineinzupacken. So entstehen 1828/29 neben einigen Walzern und dem als heiterer, aber musikalisch bangloser Nachklang der Warschauer Auftritte des ›Teufelsgeigers‹ anzusehenden ›Souvenir de Paganini‹ (K. 1203) noch zwei größere, effektsicher komponierte Konzertstücke über heimatliche Tanz- und Opernmelodien: das ›Rondo à la Krakowiak‹ op. 14 und die ›Fantasie über polnische Themen‹ op. 13 für Klavier und Orchester, die zugleich auch Vorstudien zu den beiden Klavierkonzerten sind.

Anton Radziwiłł (oben, Bildmitte), preußischer Statthalter in Posen und einer der wichtigsten Gönner Frédéric Chopins, ist ein begabter Cellist und auch als Komponist ambitioniert. Er ist der erste, der sich an einer Musik zu Goethes ›Faust‹ versucht. Rechts im Bild, sitzend, Alexander von Humboldt.

31 Frédéric Chopin.
Aquarell, anonym,
um 1830

Zur Finanzierung der Wienreise ersucht Nicolas Chopin unter Berufung auf Elsners glänzende Beurteilung und das sogar vom Zaren bezeigte Wohlwollen um ein Stipendium für seinen Sohn, wobei er nicht vergißt, auf seine eigenen Verdienste als treuer Staatsbeamter hinzuweisen. Das Bildungsministerium befürwortet den Antrag, stellt 5000 Złoty jährlich in Aussicht – und erteilt dennoch einen abschlägigen Bescheid, weil sich der Polizeiminister dagegen ausspricht, daß »öffentliche Mittel zur

> Stein wollte mir sogleich eins von seinen Instrumenten ins Haus schicken und dann ins Konzert, wenn ich eins geben wolle. Graf, der jedoch ein besserer Fabrikant als er ist, sagte mir dasselbe. [...] Für das Konzert habe ich Grafs Instrument gewählt; ich fürchte, Stein wird dadurch beleidigt sein, aber ich will mich bei ihm für sein Entgegenkommen schön bedanken. Ich hoffe, daß Gott mir beistehen wird – seid unbesorgt.
> *Chopin in einem Brief an seine Eltern*
> *(Wien, 8. August 1829)*

Förderung von Künstlern dieser Art« verwendet werden. Also öffnet Nicolas Chopin das Familiensäckel und gibt her, was er hat, um den Start zu ermöglichen. Am 31. Juli 1829 ist es soweit: Chopin in Wien!

Einer der ersten Wege nach der mehrtägigen, in Krakau für eine Woche unterbrochenen Anreise führt zu Tobias Haslinger, dem er ein Empfehlungsschreiben Elsners überreicht. Als der Neuankömmling einige Sachen auf dem Klavier vorspielt, begreift der Verleger, welch ein Talent da vor ihm steht, und erinnert sich auch der Mozart-Variationen in seiner Schublade. Doch um sie publizieren und gewinnbringend vermarkten zu können, fehlt die wichtigste Voraussetzung: die Nachfrage des Publikums. Wecken kann sie nur ein erfolgreiches Konzertdebüt. Aber Chopin zögert, wie so oft. Nicht einmal Würfel, dem er vertraut, kann ihn zum Sprung ins kalte Wasser überreden. Erst unter dem vereinten Druck der sich auch in Wien schnell um ihn scharenden Bewunderer gibt er nach und läßt sich schließlich auf das Programm eines für den 11. August angesetzten Konzerts im Kärntnertortheater hieven.

Es ist einer jener buntgemischten Konzertabende mit Orchester- und Solostücken, Gesangseinlagen und in diesem Fall auch noch einem Ballett, wie sie nicht nur in Wien an der Tagesordnung sind. Chopin gibt seine Mozart-Variationen zum besten und präsentiert als Ersatz für den schon bei den Proben von den Orchestermusikern buchstäblich vergeigten ›Krakowiak‹ eine Improvisation über ein Opernthema aus ›La dame blanche‹ von François-Adrien Boieldieu; als Zugabe improvisiert er über das polnische Hochzeitslied ›Oj chmielu, chmielu‹ (Oh Hopfen). Das Echo fällt so aus, wie alle es erwartet haben, sogar der Zauderer Chopin: begeisterter Applaus und eine gute Presse.

Ich improvisierte über das Thema der ›Weißen Dame‹, und auf die Bitte des Regisseurs (dem mein Rondo bei der Probe außerordentlich gefallen hatte, so daß er gestern meine Hand fest drückte und sagte: »Ja, das Rondo muß hier gespielt werden«), ich möge doch ein polnisches Thema nehmen, wählte ich das vom ›Hopfen‹, was das Publikum elektrisierte, das an solche Lieder nicht gewöhnt ist. Meine Parterrespione versichern mir, daß man auf den Bänken nur so hin und her gehüpft sei.
Chopin in einem Brief an die Familie am Tag nach seinem ersten Konzertauftritt in Wien

Nach einem zweiten Konzert, bei dem diesmal auch der ›Krakowiak‹ erklingt, ist der Triumph komplett. Auch jene Kritiker, die seinen zarten Anschlag bemängeln, verkennen nicht die Neuheit und den fremdartigen Zauber seines Stils. Der Korrespondent der Leipziger AMZ rühmt sein »vollendetes, der tiefsten Empfindung abgelauschtes Nuanciren, Tragen und Schwellen der Töne« und würdigt sein Debüt als das eines Künstlers, der »ohne vorhergegangenes Ausposaunen als einer der leuchtendsten Meteore am musikalischen Horizonte erscheint.«

Auf der Heimreise macht Chopin in Prag die Bekanntschaft des Pianisten August Klengel und des Geigers Friedrich Pixis. Über Teplitz in Böhmen, wo er mit großem Erfolg auf einem Empfang des Fürsten Clary spielt, geht es am 25. August zusammen mit Freunden, die ihn seit der Abreise aus Warschau begleiten, weiter nach Dresden und von da über Breslau und Kalisch zurück nach Hause. Dort hat man inzwischen von seinen Auftritten in Wien erfahren, doch herrscht allgemein der Eindruck, daß sie nicht sonderlich erfolgreich waren – Schuld einer verkürzenden und teilweise grob sinnentstellenden Wiedergabe der Berichte aus Wien in den polnischen Zeitungen.

Schon im Oktober, kaum sechs Wochen nach seiner Rückkehr, verläßt er Warschau wieder, um noch einmal Fürst Radziwiłł auf dessen Jagdschloß Antonin zu besuchen. Der begeister-

---

So wie er im Spiele als ein frey dastehender, schöner, junger Baum voll duftiger Blüthen und reifender Früchte sich zeigte, so entwickelte er eben so viele würdige Eigenthümlichkeit in seiner Composition, in der neue Figuren, neue Passagen, neue Formen, in der Introduktion, in der ersten, zweyten und vierten Variation, und in der Gestaltung des Mozart'schen Themas zur schließenden Polacca sich entwickelten. In seiner Unbefangenheit ließ der junge Virtuos es sich eingehen, zum Schlusse des Concertes mit einer freyen Phantasie vor unserem Publikum aufzutreten, vor dem, außer Beethoven und Hummel, noch wenig Improvisatoren Gnade gefunden haben. Wenn der junge Mann durch mehrfachen Wechsel der Themata es vorzüglich auf Amusement angelegt hatte, so war der ruhige Fluß der Gedanken, die sichere Verbindung derselben, und die reine Durchführung dennoch genügender Beweis, von seiner Fähigkeit für diese seltene Gabe. Hr. Chopin machte heute einem kleinen Publikum so viel Vergnügen, daß man wirklich wünschen muß, er möchte vielleicht bey einem nochmahligen Auftreten vor einem größerem sich hören lassen.
Auszug aus einer Rezension der ›Wiener Theaterzeitung‹
(22. August 1829)

te Cellospieler und Amateurkomponist hält große Stücke auf ihn und liebt es, mit ihm zu musizieren und sich in Fachsimpeleien zu ergehen. Für ihn komponiert Chopin in Antonin die Polonaise in C-Dur für Violoncello und Klavier (op. 3, mit später hinzugefügter Introduktion), über die er selbst eher abfällig bemerkt: »Nichts außer Blendwerk darin, für den Salon, für die Damen – siehst Du, ich wollte, daß die Prinzessin Wanda es lernt.« Diese Wanda, »ein junges Ding, siebzehn Jahre alt, hübsch«, nimmt eine Woche Unterricht bei ihm, offenbar zu beiderseitigem Vergnügen, denn an Tytus Woyciechowski schreibt er weiter: »es war fürwahr angenehm, ihr die Fingerchen zu stellen«. Der älteren Schwester, Eliza, spielt er unermüdlich die f-Moll-Polonaise (op. 71 Nr. 3) vor und steht bereitwillig für Bleistiftzeichnungen Modell.

Seiner Wirkung auf Frauen ist sich Chopin durchaus bewußt, doch welch starke Wirkung sie auf ihn ausüben, scheint eine neue Erfahrung für den Neunzehnjährigen zu sein. Im April 1829 ›erwischt‹ es ihn zum erstenmal. Unfähig darüber zu sprechen, geschweige denn, sich seinem »Ideal« zu offenbaren, vertraut er seine Gefühle dem Klavier an und gesteht auch Tytus erst nach Monaten: »Ich habe schon, vielleicht zu meinem Unglück, mein Ideal, dem ich treu diene, obwohl ich schon seit einem halben Jahr nicht mit ihm gesprochen habe, von dem ich träume, zu dessen Gedenken das Adagio in meinem Konzert ent-

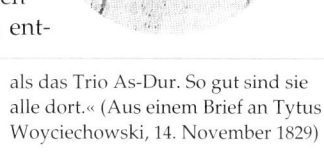

32 Chopin, gezeichnet von Eliza Radziwiłł. »Ich konnte es nicht abschlagen, ihnen meine Polonaise f-Moll zu schicken, die das Interesse der Prinzessin Eliza erweckt hat [...] Du kannst Dir den Charakter dieser Prinzessin vorstellen, wenn ich ihr jeden Tag diese Polonaise spielen mußte und sie nichts so gern mochte als das Trio As-Dur. So gut sind sie alle dort.« (Aus einem Brief an Tytus Woyciechowski, 14. November 1829)

33 **Konstancja Gładkowska** (1810–1889). Zeichnung von Wojciech Gerson. Chopin begegnet der Gesangsschülerin am Warschauer Konservatorium und verliebt sich in sie, ohne ihr seine Zuneigung zu gestehen. 1832 heiratet sie einen anderen.

standen ist, das mir diesen Walzer heute früh inspiriert hat, den ich Dir schicke. […] Davon weiß niemand außer Dir.«

Die Muse, der wir den bezaubernden Des-Dur-Walzer op. 70 Nr. 3 verdanken, heißt Konstancja Gładkowska. Ohne es selbst zu wissen, avanciert die hoffnungsvolle Gesangsschülerin zur heimlichen Heldin des Klavierkonzerts in f-Moll op. 21. Davon, daß Chopin für sie entflammt ist, erfährt sie ein Jahr lang nichts, obwohl sich beide am Konservatorium oft begegnen. Als es ihr dämmert und auch sie ihre Gefühle für ihn entdeckt, hat sie sich in seiner Vorstellung bereits in eine künstlerische *idée fixe* verwandelt, ein Wesen ohne Fleisch und Blut. Realer ist auch zu dieser Zeit seine zärtliche Leidenschaft für Tytus, der allerdings nicht mehr in Warschau lebt, sondern das Erbe seines Vaters auf einem Landgut bei Lublin angetreten hat. Konstancja bleibt

> An der Gładkowska ist kaum etwas auszusetzen. Sie ist auf der Bühne besser als im Saal. Von dem tragischen Spiel, das vortrefflich ist, will ich nicht reden, weil es da nichts zu sagen gibt, was hingegen den Gesang betrifft, so brauchten wir in dieser Art nichts Besseres, wäre nicht manchmal das hohe Fis und das G.
>
> *Chopin in einem Brief vom 21. August 1830 an Tytus Woyciechowski über das Debüt Konstancja Gładkowskas in der Hauptrolle von Ferdinando Paërs ›Agnese‹ (polnisch ›Aniela‹) an der Warschauer Oper*

eine romantische Episode, doch die Erinnerung an sie begleitet ihn noch lange.

Das Klavierkonzert ist Chopins *pièce de résistance*, das Hauptstück seines bisherigen Schaffens, das er dem internationalen Publikum jedoch nicht vorsetzen will, ohne es in Warschau ausprobiert zu haben. Nach den Erfahrungen in Wien scheint kein Ziel mehr unerreichbar, nur die Reiseplanung bereitet Kopfzerbrechen. Fest steht, daß Tytus ihn begleiten soll, und zwar zunächst nach Wien. Aber davon, wie es weitergeht, hat Chopin keine klaren Vorstellungen, und so verschiebt sich die Abreise von Monat zu Monat. Auch nach der Avantpremiere vor ausgewählten Gästen am 7. Februar 1830 und der am 17. März erfolgreich verlaufenen Uraufführung im Nationaltheater, die ein beispielloses Presseecho hervorruft, zögert Chopin noch mit dem Kofferpacken. Zunächst soll das schon weit gediehene zweite Klavierkonzert in e-Moll op. 11 – veröffentlicht ist es als ›Klavierkonzert Nr. 1‹, was jedoch nicht der tatsächlichen Reihenfolge der Entstehung und Uraufführung entspricht – den Erfolg des ersten (›Nr. 2‹) bestätigen. Der Vorauffführung des im August 1830 fertiggestellten Werks, die am 22. September 1830 mit verkleinertem Orchester und wieder vor handverlesenem Publikum in Chopins Privatwohnung stattfindet, folgt am 11. Oktober im Nationaltheater eine beifallumrauschte Uraufführung. Es ist Chopins offizielles Abschiedskonzert, bei dem sich auch Konstancja, die inzwischen an der Oper engagiert ist, mit einer Arie aus Gioacchino Rossinis ›La donna del lago‹ hören läßt. Der Pressewirbel ist nicht ganz so groß wie nach dem Konzert im Frühjahr, aber der Tenor der Kritik genauso positiv.

Wir werden nach Italien reisen, mein Lieber; von heute in einem Monat wirst Du keinen Brief aus Warschau erhalten, vielleicht wirst Du auch von woanders her keinen bekommen; bis wir uns wiedersehen, wirst Du nichts über mich erfahren. [...] Ich gehe mich waschen, bedaure mich jetzt nicht, daß ich noch ungewaschen bin, – Du? Du würdest mich auch dann nicht küssen, wenn ich mich mit byzantinischen Ölen eingeschmiert hätte, es sei denn, ich würde Dich auf magnetische Weise dazu zwingen. Es liegt eine Kraft in der Natur. Heute wirst Du davon träumen, daß Du mich küßt! Ich muß Dir für den gräßlichen Traum heimzahlen, den Du heute nacht über mich gebracht hast.
F. Chopin, für immer Liebhaber der personifizierten Hypokrisie
Chopin in einem Brief vom 4. September 1830
an Tytus Woyciechowski

Am 2. November, nach tränenreichen Abschieden und einem feucht-fröhlichen Gelage, besteigt Chopin die Kutsche in Richtung Kalisch, wo sein Gefährte Tytus Woyciechowski zu ihm stößt. Außer dem musikalischen Gepäck führt Chopin ein kleines Album mit sich, ein Erinnerungs- und Tagebuch, in dem sich Warschauer Freunde wie der alte Żywny vor der Abreise verewigt haben. Auch zwei Verse von Konstancja finden sich darin:

»Unangenehmen Wechsel der Geschicke erfüllst Du,
wir müssen der Notwendigkeit nachgeben.
Denke daran, Unvergessener,
daß man Dich in Polen liebt.«

»Um den Ruhmeskranz stets frisch zu halten,
läßt Du die lieben Freunde und die teure Familie zurück.
Mögen Dich Fremde auch höher belohnen und schätzen,
aber Dich stärker zu lieben als wir können sie sicher nicht.«*

---

* Ein »mogą« (›man kann‹) fügt Chopin irgendwann dieser letzten Zeile an.

Weg ohne Wiederkehr

Kalisch – Breslau – Dresden – Prag. In umgekehrter Richtung, aber auf derselben Route wie im Jahr zuvor steuert Chopin, ohne sich zu beeilen, die Stadt seiner ersten international beachteten Erfolge an. In Breslau, wo er sich vier Tage aufhält, nimmt er als Zuhörer an einer Konzertprobe teil. Auf Drängen des Kapellmeisters setzt er sich einmal ans Klavier – und schlägt den als Solisten eines Konzerts von Ignaz Moscheles vorgesehenen Pianisten förmlich in die Flucht. Der arme Mann verzichtet auf einen Auftritt, Chopin springt ein und rettet den Abend. Doch dieser erste, unverhoffte Erfolg zum Auftakt seiner Westeuropareise bleibt für lange Zeit der letzte. Chopin geht einer Krise entgegen, die sein Leben verändert, aber er ahnt nicht, mit welcher Wucht die Ereignisse ihn überrollen werden.

Für eine Woche macht er Station in Dresden, besucht die Oper und die Gemäldegalerie, nimmt zahlreiche Einladungen wahr und knüpft Kontakte, die ihm Empfehlungsschreiben für die geplante Weiterreise nach Italien eintragen. Nach einem weiteren Zwischenstop in Prag ist er am 23. November 1830, drei Wochen nach der Abreise aus Warschau, zum zweitenmal

34 Chopin um das Jahr 1830. Aquarellierte Zeichnung, Eugen Hummel zugeschrieben

35 und 36 Titelblätter der Erstausgaben von Chopins Klavierkonzerten

Die Klavierkonzerte

Durch die Verschmelzung sinfonischer Prinzipien mit der traditionellen, vom beständigen Wechsel zwischen Solopassagen und Orchester-Ritornellen gekennzeichneten Konzertform haben Mozart und Beethoven der Gattung des Klavierkonzerts ihren Stempel aufgeprägt. Diesen ›klassischen‹ Standard pianistischer und gestalterischer Virtuosität wieder zu erreichen oder gar zu übertreffen, haben wenige Komponisten des 19. Jahrhunderts vermocht, die meisten haben es auch gar nicht angestrebt. Entweder überwiegt das Sinfonische – beispielsweise in dem vom Wiener Kritiker Eduard Hanslick als »Sinfonie mit obligatem Klavier« bespöttelten d-Moll-Klavierkonzert von Brahms – oder der gestalterische Ehrgeiz ordnet sich wie in den Violinkonzerten Paganinis gänzlich dem Bedürfnis nach virtuoser Selbstdarstellung unter. Letzteres gilt, mit gewissen Einschränkungen, nicht nur für Chopin, sondern für die meisten der sogenannten Virtuosenkonzerte seiner Zeit, in denen das Orchester nur eine Klangkulisse liefert, vor der sich der Solist wirkungsvoll in Szene setzt. Soweit einzelne Orchesterinstrumente überhaupt hervortreten, fungieren sie als eine Art Stichwortgeber oder wiederholen markante Motive des Klaviers, ein wirklicher Dialog zwischen den Partnern findet höchst selten statt. Seine wichtigste Rolle spielt das Orchester in der majestätischen, oft pomphaften Einleitung, an den Scharnierstellen der Sonatenform (Durchführung, Reprise, Coda), bei Steigerungsverläufen und am jeweiligen Satzende. Die äußere Form folgt zumeist der traditionellen Dreisätzigkeit (schnell-langsam-schnell) mit einem Sonatensatz, einem Mittelsatz in erweiterter Liedform und einem bewegten Schlußrondo.

Chopins Klavierkonzerte in e-Moll und f-Moll sind die Hauptsäulen seines Repertoires für Klavier und Orchester. In der Gesamtkonzeption und auch in ihrer Ausdruckshaltung ähneln sich beide Konzerte sehr: Der Kopfsatz (Maestoso) zitiert den dramatischen Gestus klassischer Sinfonik, orientiert sich jedoch nur lose an der Sonatenform, um Raum zu lassen für hochvirtuoses Passagenwerk und ruhigere Episoden, deren elegischer Grundcharakter auch den langsamen Mittelsatz (Larghetto) beherrscht, während der Schlußsatz (Vivace) – ein Rondo im Idiom polnischer Tänze (Mazurka und Krakowiak) – als schwungvoller Kehraus fungiert.

Durchaus vergleichbare Klavierkonzerte von Hummel, Kalkbrenner, Field und anderen Vertretern des Style brillant sind heute nahezu vergessen, Chopins Konzerte hingegen erfreuen sich ungebrochener Beliebtheit, obwohl ihre handwerkliche Qualität schon bei den Zeitgenossen umstritten war und manche Bearbeiter sich bemüßigt fühlten, an der vermeintlich mangelhaften Instrumentation herumzubessern. Doch wer konstatiert, daß Chopin kein Instrumentationsgenie wie Hector Berlioz war und seine Handhabung der großen Form die strukturelle Dichte eines Beethovenschen Sonatensatzes vermissen läßt, legt die falsche Elle an und verkennt seine wahren Intentionen. Chopins Klavierkonzerte sind die Visitenkarte eines polnischen Debütanten auf der internationalen Bühne und als solche stimmig kalkuliert: Schaustücke eines Pianisten, der sich anschickt, mit den führenden Klaviervirtuosen seiner Zeit in Konkurrenz zu treten, stilistisch an diesen orientiert und dennoch unverwechselbar in ihrem pianistischen Nuancenreichtum und folkloristischen Kolorit. Das Publikum hat diese Werke nicht als umstürzend modern empfunden, aber doch als Ausdruck eines neuen romantischen Empfindens, das Robert Schumann bereits in den Mozart-Variationen erkannte und mit dem prophetischen Ausruf kommentierte: »Hut ab, ihr Herren, ein Genie!«

in Wien, doch die Stadt scheint nicht besonders neugierig auf ihn zu sein. Haslinger hat inzwischen die Mozart-Variationen herausgebracht, denkt aber nicht daran, auch die ihm überlassene c-Moll-Sonate und die E-Dur-Variationen über ›Ich bin ein Schweizerbub‹ zu publizieren, es sei denn honorarfrei wie im Falle seines Opus 2. Chopin läßt sich nicht darauf ein, und weil er auch nicht vorhat, noch einmal ohne Bezahlung beziehungsweise ohne Beteiligung an den Einnahmen aufzutreten, verlegt er sich aufs Warten. An Jan Matuszyński schreibt er: »Die Eltern empfehlen mir, das zu tun, was ich will, und ich liebe das eben nicht. Nach Paris? Die Hiesigen raten mir, noch zu warten. Zurückkehren? Hier sitzen? Mich umbringen? Dir schreiben? Rate Du, was ich anfangen soll.«

> **Das Klavier tanzt**
> Tänze sind seit der Renaissance eine der wichtigsten Inspirationsquellen der Instrumentalmusik. Waren es im 16. Jahrhundert vorwiegend Pavanen und Galliarden, im 17. und 18. Allemanden, Couranten oder Sarabanden, so dominieren seit Ende des 18. Jahrhunderts stilisierte Volks- und Gesellschaftstänze wie Walzer und Polonaisen, die innerhalb weniger Jahrzehnte das höfisch geprägte Menuett ablösen; anders jedoch als die als Hoftanz akzeptierte Polonaise dringt der ob seiner bäurischen Herkunft verpönte Walzer erst durch den Wiener Kongreß, wo er eine wahre Tanzwut auslöst, in die vornehme Gesellschaft ein.
> Chopin greift hauptsächlich auf drei Tanzformen zurück: den Walzer, die Polonaise und, als wichtigste, die Mazurka, in der sich Elemente des Tanzliedes Mazur, des langsamen Kujawiak-Tanzes und des wirbelnden Oberek vereinen. Gemeinsames Merkmal aller dieser Tänze ist der Dreiertakt; was sie unterscheidet, ist die Akzentuierung des zugrundeliegenden Metrums: Der Hauptimpuls des (Wiener) Walzers ist die scharfe Betonung des ersten und die leichte Vorwegnahme des zweiten Taktteils; in der Polonaise, gleichfalls im Dreivierteltakt, ist es die Achtelbewegung mit zwei aufeinanderfolgenden Sechzehnteln. Im Mazurka-Rhythmus verlagert sich der Akzent jeweils auf die schwachen Taktzeiten, charakteristisch sind auch Tempoverschiebungen und affektgebundene Verzögerungen (Tempo rubato), von denen Chopin regen Gebrauch macht, ohne sie jedoch so zu strapazieren wie viele Interpreten nach ihm. Vom mehrteiligen, liedförmigen Aufbau der Walzer und der Polonaisen in Da-Capo-Form mit gelegentlich vorgeschalteter Introduktion oder auch Erweiterung zum Rondo (A-B-A-C) unterscheiden sich die Mazurken durch ihre Vielgliedrigkeit und einen weniger regelmäßigen Periodenbau. Komplex wie die äußere Form, die nur entfernt der für stilisierte Tänze typischen Dreiteiligkeit entspricht, ist auch ihre den Rahmen der Dur-/Moll-Tonalität sprengende harmonische Gestalt, in der sich die modale Struktur polnischer Volksmelodien widerspiegelt.

Wochen vergehen, Monate, aber ein Konzertangebot bleibt aus. Der Grund dafür, daß er von Tag zu Tag unglücklicher wird, liegt allerdings nicht in Wien, sondern in der Heimat, aus der ihn noch im Dezember Nachrichten erreichen, die ihn bis ins Innerste aufwühlen.

Trotz der unter der Zarenherrschaft bestehenden Teilautonomie und Selbstverwaltung war Kongreß-Polen ein politisch entmündigtes Land, in dem alle nationalen Kräfte davon träumten, die einstige staatliche Souveränität wiederzugewinnen. Daß diese Kräfte auf Dauer nicht zu unterdrücken waren, hatte sich schon während der Regierungszeit Alexanders I. abgezeichnet. Auch wenn aus Preußen und Österreich, die von den polnischen Teilungen profitiert hatten, keine direkte Unterstützung gegen Rußland zu erwarten war, gab es doch in den liberalen Kreisen Westeuropas viel Sympathie für das polnische Streben nach nationaler Selbstbestimmung. In der ›Berliner Zeitung‹ hatte es schon 1815 geheißen, es sei wünschenswert, »in Zeiten, wo die Eigentümlichkeit des Volksgeistes sich so kräftig und achtbar

37 Geiselnahme und Abtransport polnischer Kinder durch russische Soldaten. Lithographie von Engelmann (nach Twarowski)

> Den Brief an Dich beende ich drei Tage später. Ich habe den Unfug gelesen, den ich Dir vorgefaselt habe; verzeih, Jaś, wenn Du dafür zahlen mußt. Heute nämlich hörte ich in der italienischen Trattorie: »der Liebe Gott hat einen Fehler gemacht, als er die Polen geschaffen hat«, wundere Dich also nicht, daß ich das, was ich fühle, nicht gut zu schreiben vermag. Neuigkeiten erwarte ebenfalls nicht von einem Polen, denn ein anderer erwiderte: »In Polen ist nichts zu holen«. – Hundsfötter!
> *Aus einem Brief aus Wien an Tytus Woyciechowski (26. Dezember 1830)*

gezeigt hat, auch Polen – soweit es ohne Verletzung der Rechte und Sicherheit der benachbarten Staaten möglich ist – in eine der Entwicklung seiner Nationalität günstige Lage zu bringen.«

Befeuert von der romantischen Staatsidee einer in der gemeinsamen Sprache, Religion, Geschichte und Kultur begründeten Souveränität, sehen sich die polnischen Nationalisten als Märtyrer der Freiheit, seit Nikolaus I., Bruder und Nachfolger des 1825 verstorbenen Alexander I., einen scharfen absolutistisch-reaktionären Kurs steuert, der die bürgerliche Opposition, aber auch den Adel und das Militär im Widerstand gegen Rußland vereint. Als im Juli 1830 die Bürger von Paris auf die Barrikaden gehen und wenig später der Freiheitskampf in Belgien beginnt, springt der Funke der Revolution auf Polen über. Der Plan des Zaren, polnische Soldaten zur Niederschlagung des Aufstandes nach Belgien zu entsenden, löst eine Revolte aus: Verschwörer aus dem Umfeld der Warschauer Kadettenschule erobern das Arsenal, Großfürst Konstantin flieht aus dem Belvédère, die gesamte polnische Armee erhebt sich, Nikolaus I. wird für abgesetzt erklärt. Doch die Revolution scheitert, unterstützt von Preußen gewinnt Rußland im Sommer 1831 wieder die Ober-

38 Polnische Damen opfern Schmuck fürs Vaterland. Zeitgenössische Illustration

39 Am Kohlmarkt Nr. 9, Chopins Adresse in Wien (Haus am rechten
Bildrand). Radierung, koloriert, um 1820

hand und geht mit grausamer Härte gegen die Aufständischen
vor. Mit der Auflösung von Sejm und Armee, der Schließung
der Warschauer Universität und der Angliederung der polnischen Kirche an die russisch-orthodoxe werden die letzten autonomen Strukturen Kongreß-Polens beseitigt. Tausende Menschen verlassen das Land und machen Paris zur Hauptstadt der
polnischen Emigration.

Als Chopin vom Ausbruch des Aufstandes in Warschau hört,
ist sein erster Gedanke, dorthin zurückzukehren. Tytus überre-

> Ihr müßt wissen, daß ich jetzt im vierten Stock logiere. Engländer, die von
> meinem Antezessor von meiner reizenden Wohnung erfahren hatten,
> wollten ein Zimmer davon mieten, als sie aber unter dem Vorwand gekommen waren, eins zu sehen, besichtigten sie alle drei, und sie gefielen
> ihnen so, daß sie mir gleich 80 Gulden monatlich anboten, wenn ich sie ihnen nur abtrat, worüber ich mich maßlos freute. Frau Baronin Lachmanowicz, Schwägerin der Frau Uschakow und nun meine junge und gute Wirtin, besaß im vierten Stock ebenfalls eine Wohnung, die meiner ähnlich
> war; man zeigte sie mir, ich mietete und logiere jetzt für zwanzig Gulden
> monatlich so, als zahlte ich achtzig. [...] Aber die Straße ist unbezahlbar,
> mitten in der Stadt, alles in der Nähe [...] was braucht man mehr?
> *Aus einem Brief vom 22. Dezember 1830 an die Familie*

det ihn, in Wien zu bleiben, und fährt allein. Kaum ist er fort, reist Chopin ihm in der Kutsche hinterher, holt ihn aber nicht mehr ein. Möglicherweise gelangt jedoch mit Tytus eine Melodie nach Polen, die bald im ganzen Land erklingt und 1831 in Warschau mit dem Text ›Ich hasse euch Nichtstuer‹ gedruckt wird. Daß Chopin sie wirklich komponiert hat, noch unter dem Eindruck der ersten Nachrichten vom Warschauer Aufstand, ist nicht zu belegen. Aber auch wenn es sich bei der Veröffentlichung unter seinem Namen nur um eine Zuschreibung handelt, beweist sie, daß Polens Revolutionäre sich auch auf Chopin berufen. Und das zu Recht, schreibt er doch im Dezember 1830: »Wenn ich könnte, würde ich alle Töne in Bewegung setzen, die mir vom blinden, wütenden, entfesselten Gefühl eingegeben werden, um wenigstens zu einem Teil jene Lieder erraten zu lassen, deren Echo noch irgendwo an den Ufern der Donau umherirrt, und die einst Jans Armee sang [Jan III. Sobiesky, polnischer König, besiegte 1683 die Türken vor Wien] […] Mein Gott, selbst sie [Konstancja] und meine Schwestern können sich wenigstens mit Verbandszeug nützlich machen, aber ich – wäre es nicht so, daß ich jetzt vielleicht dem Vater eine Last wäre, würde ich sofort zurückkehren. Ich verfluche den Moment meiner Abreise […] Im Salon spiele ich den Ruhigen, aber zu Hause donnere ich auf dem Klavier.«

Wien, wo kaum jemand seine patriotischen Gefühle teilt, ist nicht der Ort, an dem er bleiben möchte. Doch wie vorgehabt nach Italien zu reisen, ist kein Ausweg, denn im Frühjahr 1831 bricht auch dort die Revolution aus. Österreich, das seine Einflußsphäre unmittelbar bedroht sieht, interveniert sofort, um die alten Machtverhältnisse wiederherzustellen.

Soweit es die Umstände erlauben, konzentriert sich Chopin auf die Karriere und komponiert unter anderem einen Walzer in a-Moll (op. 34 Nr. 2), den Walzer eines Fremden in Wien: un-

> Walzer nennen sie hier Werke! Und Strauß und Lanner, die ihnen zum Tanz aufspielen, Kapellmeister. Das soll jedoch nicht heißen, daß hier alle so urteilen; im Gegenteil, fast alle lachen darüber, aber darum werden nur Walzer gedruckt.
> *Aus einem Brief vom 26. Januar 1831 an Joseph Elsner*

40 Der Streichersche Klaviersalon. Lithographie von Franz Xaver Sandmann, um 1845

wienerisch langsam und melancholisch. Ein vielleicht noch sprechenderer Ausdruck seiner Befindlichkeit ist das wahrscheinlich um Weihnachten 1830 begonnene h-Moll-Scherzo op. 20: eine mit herben Dissonanzen und nachgerade beethovenschem Furor aufgeladene Reminiszenz an ein polnisches Weihnachtslied, ein Werk extremer Ausdrucksgegensätze, dessen Leidenschaft nichts mehr mit den elegant gelösten Scheinkonflikten des Style brillant gemein hat.

Neben den polnischen Landsleuten sind es vor allem der Pianist und ehemalige Mozart-Schüler Johann Nepomuk Hummel und der junge tschechische Geiger Josef Slavik, mit denen Chopin in Wien verkehrt. Wenn er ausgeht, trägt er Knöpfe mit dem polnischen Adler; seine Taschentücher sind mit einem

Johann Andreas Streicher (1761–1833) ist der neben Conrad Graf bedeutendste Klavierfabrikant in Wien. Zusammen mit seiner Frau Nannette, Tochter des Augsburger Klavierbauers Johann Andreas Stein, ist er auch als Konzertveranstalter tätig. Beide gehörten zum Freundeskreis von Ludwig van Beethoven.

41 Johann Nepomuk Hummel. Zeitgenössische Lithographie von Pierre Roche Vigneron

Sensenträger bestickt, dem Symbol des Aufstandes von 1794, bei dem sich sein Vater ausgezeichnet hatte. Sein offen zur Schau getragener Patriotismus wird respektiert, doch Chopin zieht es fort in die Umgebung von Menschen, die wirklich verstehen, was ihn bewegt. So reift, trotz aller Skepsis, sein Entschluß heran, nach Paris zu gehen, ins Land seines Vaters, das immer mehr polnischen Emigranten Aufenthalt gewährt.

Seinem Vorsatz, in Wien nicht noch einmal unentgeltlich aufzutreten, wird er untreu, als er im Juni, nachdem sich die Pläne für ein anderes Konzert dreimal zerschlagen haben, als Solist seines e-Moll-Konzerts bei einer Akademie im Kärntnertortheater mitwirkt. Das Presseecho gleicht dem von 1829, wobei das Lob auch diesmal mehr dem Pianisten als dem Komponisten gilt. In der renommierten ›Allgemeinen Musikalischen Zeitung‹ aus Leipzig heißt es über das Wiener Konzert vom 11. Juni: »Die Ausführung seines neuesten, ernst stylisierten Concertes

---

Johann Nepomuk Hummel (1778–1837). Als Klavierschüler Mozarts ist Hummel einer der großen Bewahrer der klassischen Klaviertradition, obwohl er sich auch den Neuerungen des Style brillant nicht verschließt. Als Komponist ist er vor allem durch sein virtuoses E-Dur-Trompetenkonzert bekannt.

Ferdinand Hiller gehört zu seinen bedeutendsten Schülern.

42 Josef Slavik (1806–1833).
Anonymes Gemälde, um 1830

in E minore gab keine Veranlassung, unser früheres Urtheil zu widerrufen. Wer es so redlich meint mit der wahren Kunst, dem gebührt auch wahre Hochachtung.«

Am 20. Juli 1831, nach Erledigung zeitraubender Paß-Formalitäten, tritt Chopin die Reise nach Paris an. Über Salzburg geht es nach München, wo er vier Wochen bleibt, um eine Geldanweisung seines Vaters abzuwarten, nachdem er sich schon entschlossen hat, den Brillantring, das Geschenk des Zaren, zu veräußern. Außer dem Erlös aus dem Verkauf der Introduktion und Polonaise op. 3 für Klavier und Violoncello an einen befreundeten Verleger hat ihm der Aufenthalt in Wien nicht einen Groschen eingebracht. Erst in München hat er Gelegenheit, seine Reisekasse durch einen öffentlichen Auftritt ein wenig aufzubessern.

Anfang September ist er in Stuttgart und steigt im Hotel ›Zum Herzog von England‹ ab. Als dort die Nachricht von der

Chopin lernt den tschechischen Geiger **Josef Slavik**, einen Schüler von Friedrich Pixis, bei Würfel kennen und hört ihn tags darauf im Haus einer gemeinsamen Wiener Bekannten, »und als Slavik dort spielte, gefiel er mir so, wie keiner sonst nach Paganini. Ihm gefiel auch meine Wenigkeit […]«.

Slavik, der als einer der besten Geiger seiner Generation gilt, stirbt 27jährig auf einer Konzertreise nach Budapest.

43 Das Kärntnertortheater, wo sich Chopin 1829 und 1831 dem Wiener Publikum präsentiert. Radierung, koloriert, um 1825

Kapitulation der Aufständischen in Warschau eintrifft, entlädt sich die Anspannung des letzten Dreivierteljahres in einem gewaltigen Aufschrei der Gefühle. Ohnmächtige Wut, Verzweiflung über das ungewisse Schicksal seiner Lieben, über die Ströme von Blut, in denen der polnische Freiheitskampf ertrinkt, führen ihn an den Rand eines Zusammenbruchs. Grenzenlos ist sein Haß auf den Zaren und die Moskowiter, aber auch die Enttäuschung darüber, daß Frankreich Polen in der Not nicht beigestanden hat: »Gott, Gott! Bewege die Erde, sie soll die

44 Der Begriff ›Akademie‹ – ursprünglich eine antike Philosophenschule – wird in der Renaissance zum Namen für Künstler- und Gelehrtenzirkel, speziell für Vereinigungen von Musikliebhabern. Im Wien des 18. und frühen 19. Jahrhunderts werden auch Subskriptionskonzerte als ›musikalische Akademien‹ bezeichnet.

> Am 28. d. gab Hr. F. Chopin aus Warschau ein Mittagsconzert im Saale des philharmonischen Vereins, das von einer sehr gewählten Versammlung besucht wurde. Hr. Chopin trug ein Conzert aus E-moll von seiner eigenen Composition auf dem Fortepiano vor, und zeigte eine ausgezeichnete Virtuosität in der Behandlung seines Instrumentes; bei einer ausgebildeten Fertigkeit wurde besonders eine liebliche Zartheit des Spiels und ein schöner und charakteristischer Vortrag der Motive bemerkbar. Die Composition war im Ganzen brillant und gut gesetzt, ohne gerade durch besondere Neuheit oder einen tieferen Charakter zu überraschen, mit Ausnahme des Rondo's, dessen Hauptgedanke sowohl, als die figurirten Mittelsätze durch eine eigenthümliche Verbindung eines melancholischen Zuges mit einem Capriccio einen eigenen Reiz entwickelte, und deshalb auch besonders ansprach.
>
> *Rezension in der Münchener ›Flora‹ über Chopins Auftritt am 28. August 1831*

Unmenschen dieses Jahrhunderts verschlingen. Die schlimmsten Qualen sollen über die Franzosen kommen, die uns nicht zu Hilfe eilten.«

Chopin ist heimatlos geworden, denn nach Warschau führt kein Weg zurück, und daß er in Frankreich Wurzeln schlagen könnte, erscheint ihm undenkbar. Trotzdem setzt er seine Reise fort. Nach Tagen tiefster Depression stellt er sich dem Leben und dem Kampf um seine künstlerische Existenz.

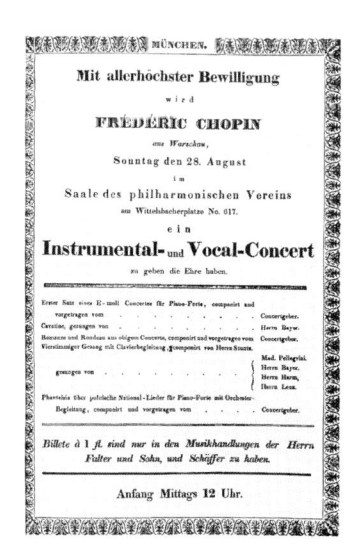

45 Programmzettel des Münchener Konzerts vom 28. August 1831

46 Druckbogen der a-Moll-Etüde op. 10 Nr. 2 mit eigenhändigen Fingersätzen und Korrekturen. Einige der Etüden dieses Zyklus entstanden bereits vor Chopins Ankunft in Paris.

Pariser Leben

Unter dem ›Bürgerkönig‹ Louis Philippe, dessen Regierungszeit mit der Pariser Lebensspanne Chopins zusammenfällt, wird das Finanzbürgertum zur tonangebenden Macht im Staate. Die vom nachmaligen Ministerpräsidenten François Guizot ausgegebene Devise »Enrichissez-vous« (Bereichert Euch) ist das Lebensmotto einer Gesellschaftsschicht, deren Ehrgeiz auch darin besteht, mit der Salonkultur des Adels zu wetteifern. In Paris gibt es nicht weniger als 850 solcher Salons, in denen die Crème der Gesellschaft, und was sich dafür hält, verkehrt. Bald gehört auch Chopin dazu. In der intimen Sphäre des Salons ereignet sich, was Alfred Cortot, einer der großen Chopin-Interpreten des 20. Jahrhunderts, »das seltene Wunder des Berühmtwerdens unter Ausschluß der Öffentlichkeit« nennt.

Chopin hat im Laufe seines Lebens kaum drei Dutzend öffentliche Konzerte absolviert – weniger als vielgefragte Pianisten heute in einem halben Jahr. Sein erstes Konzert in Paris am 26. Februar 1832 in der Salle Pleyel wird vom einflußmächtigen Kritiker der ›Revue Musicale‹, François-Joseph Fétis, äußerst wohlwollend besprochen. Doch den entscheidenden Durchbruch erzielt er nicht dort – Auftritte auf der großen Bühne empfindet er ohnehin als Marter –, sondern in den Privathäusern der Pariser Gesellschaft. Schon 1833 hat er sich in den ersten Kreisen etabliert, wie er in halb belustigtem Tonfall seinem Jugendfreund Dominik Dziewanowski berichtet: »Ich bin nach allen Seiten arg in Anspruch genommen. Ich bin in der besten Gesellschaft eingeführt, sitze zwischen Botschaftern, Fürsten,

---

Ein seltsames Volk, sobald der Abend hereinbricht – hörst Du nichts weiter als das Ausrufen der Titel von neuen Flugschriften und erwirbst manchmal drei, vier Bogen gedruckten Unsinns für einen Sou. Und das ist dann ›L'art de faire des amants et de les conserver ensuite‹, ›Les amours des prêtres‹, ›L'archevêque des Paris avec Mme. la Duchesse du Barry‹ und tausend ähnliche Schlüpfrigkeiten, die mitunter sehr witzig geschrieben sind. Fürwahr, man muß sich wundern, auf welche Gedanken die kommen, um Geld zu verdienen.

Aus einem Brief vom 25. Dezember 1831 an Tytus

Ministern, und ich weiß nicht einmal, durch welches Wunder, denn selbst habe ich mich nicht vorgedrängt. Für mich ist das heute das wichtigste, denn von dort kommt angeblich der gute Geschmack; man hat gleich ein größeres Talent, wenn Dich einer in der englischen oder österreichischen Botschaft gehört hat; gleich spielst du besser, wenn Dich die Fürstin Vaudemont protegiert hat.«

Aber auch die Schattenseiten des sogenannten Julikönigtums – soziale Spannungen, die sich in Arbeiteraufständen, Attentaten und schließlich in der Februarrevolution von 1848 entladen – bleiben ihm nicht verborgen: »Du mußt wissen«, schreibt er an Tytus Woyciechowski, »daß hier jetzt große Not herrscht, [...] und manchmal hörst Du ein drohendes Gespräch über den

47 Paris, die Place Louis-Lepine
(Marche aux Fleurs). Gemälde von
Guiseppe Canella, 1832

Die Etüden

Etüden oder *exercices*, wie Chopin sie nennt, sind Stücke ohne feste Form, deren musikalische Gestaltung sich aus der Konzentration auf einen bestimmten technischen Aspekt des Klavierspiels ergibt. Mit Carl Czernys ›Schule der Geläufigkeit‹ und zahllosen anderen Übungswerken seiner Zeit haben sie allerdings nicht viel gemein. Czerny, der Schüler Beethovens und Lehrer Liszts, schuf Etüden, die Schritt für Schritt an höchste Schwierigkeitsgrade heranführen, Chopin hingegen setzt die Beherrschung dieser Schwierigkeiten voraus, und anders als Czerny gelingt es ihm, sie musikalisch zu rechtfertigen. An den 24 Etüden op. 10 und op. 25 – das erste Dutzend erscheint 1833, das zweite 1837 – hat er fast ein Jahrzehnt gearbeitet. Sie sind Meilensteine der Klavierkunst, wegweisend für die vom Übungszweck losgelöste Konzertetüde der Romantik, die dem Klavier zugleich mit der Erweiterung der spieltechnischen Möglichkeiten gänzlich neue Ausdrucksbereiche erschließt. Einer pädagogischen Zielsetzung folgen Chopins Etüden nur insofern, als sie dem Spieler alle Finessen und Vertracktheiten seines reifen Stils, zusammengefaßt wie in einem Kompendium, vermitteln.

Eines der nicht nur in den Etüden, sondern in vielen seiner Klavierwerke wiederkehrenden Merkmale – man denke an den berühmten ›Minutenwalzer‹ (op. 64 Nr. 1) – ist ihre Bewegungslust. In ihr verrät sich eine bis in die

48 Die Erstausgabe der Etüden op. 10 (1833); Widmungsträger ist Franz Liszt.

49 Die Erstausgabe der Etüden op. 25 (1837); Widmungsträgerin ist Marie d'Agoult, die Geliebte Franz Liszts.

Anfänge seiner Ausbildung bei Żywny zurückreichende Affinität zur Klaviermusik Johann Sebastian Bachs, deren Motorik bei ihm jedoch ins Extreme gesteigert scheint. Auch die schwebenden Dissonanzen seiner Musik erinnern entfernt an Stücke von Bach, etwa das C-Dur-Präludium aus dem Wohltemperierten Klavier; mitunter, wie in der durchgehend chromatisch gehaltenen zweiten Etüde in a-Moll oder auch der dritten in E-Dur, lösen sich die harmonischen Strukturen und tonalen Bezüge so weit auf, daß sie nur noch als Farbwerte erkennbar sind.

Sogar in der Spieltechnik greift Chopin mit seinen unkonventionellen Fingersätzen auf vermeintlich anachronistische Gewohnheiten wie das Übersetzen der mittleren Finger zurück, mag auch die enorme Spannweite der Arpeggien, Sprünge und Läufe, die den gesamten Klaviaturumfang beanspruchen, barocker Spielpraxis vollkommen widersprechen. In der Ges-Dur-Etüde (op. 10 Nr. 5), bei der die rechte Hand ausschließlich auf schwarzen Tasten spielt, schreibt er den Daumengebrauch vor: ein Verstoß gegen die allseits anerkannten Fingersatzregeln Muzio Clementis, denen auch ein Franz Liszt gehorcht.

Das bekannteste Stück der Sammlung, ja das bekannteste Chopin-Stück überhaupt, ist die ›Revolutionsetüde‹ in c-Moll op. 10 Nr. 12. Ihr Name geht vermutlich auf Liszt zurück, und die Legende will es, daß sie in Stuttgart unter dem Eindruck der Warschauer Unglücksnachrichten entstand. Wahrscheinlich ist, daß Chopin sie im wesentlichen bereits in Wien vollendet hat, was nicht ausschließt, daß die darin erkennbaren Erregungszustände, die gehetzten Läufe, die brachiale Gewalt der Akkorde und die bedrohlich rollenden Baßfiguren ein Echo der dramatischen Ereignisse in seiner Heimat sind.

Zeitgenössische Urteile über Chopins Etüden op. 10

Der Pianist und Komponist Ignaz Moscheles in seinem Tagebuch (1833)
Ich benutze gerne einige freie Abendstunden, um mich mit Chopin's Etüden und seinen anderen Compositionen zu befreunden, finde auch viel Reiz in ihrer Originalität und der nationalen Färbung ihrer Motive; immer aber stolpern meine Gedanken, und durch sie die Finger, bei gewissen harten, unkünstlerischen, mir unbegreiflichen Modulationen.

Der Berliner Kritiker Ludwig Rellstab in der Zeitschrift ‹Iris im Gebiete der Tonkunst› (1834)
Eine Special-Recension der neuen 12 Apostel, die Herr Chopin in obigen 12 Stücken in die Welt geschickt hat, erlasse man uns jedoch, und begnüge sich mit der wohl nicht unnützen Bemerkung, dass wer verrenkte Finger hat, sie an diesen Etüden wieder ins Gerade bringt, wer nicht, sich aber sehr davon hüten und sie nicht spielen muss, ohne Herrn von Gräfe oder Dieffenbach [bekannte Chirurgen] in der Nähe zu haben.

50 **Carl Czerny** (1791–1857). Lithographie von Josef Kriehuber, 1833. Der Beethoven-Schüler Czerny ist der Großmeister unter den Klavierpädagogen seiner Zeit. Sein Opus summum ist die ›Vollständige theoretisch-praktische Pianoforte-Schule‹ op. 500, erschienen 1839.

> ... ein junger Mensch, der, nur aus seinen natürlichen Eindrücken schöpfend und ohne eigentliches Vorbild, das gefunden hat, was man – wenn schon nicht eine völlige Erneuerung der Klaviermusik – so doch einen Ansatz zu etwas nennen kann, das man schon seit langem vergeblich erstrebt, nämlich eine Fülle neuer Einfälle von einer Art, die man sonst nirgends findet. Damit sei nicht gesagt, daß Herr Chopin mit der gewaltigen Schöpferkraft eines Beethoven begabt ist oder daß seine Musik die mächtige Konzeption aufweist, die diejenige dieses großen Mannes kennzeichnet: Beethoven hat Musik für das Klavier geschrieben; ich aber spreche hier über Musik für Pianisten, und auf diesem Gebiet finde ich beim Vergleich in den Einfällen des Herrn Chopin Anzeichen einer Erneuerung von Formen, die künftig einen beträchtlichen Einfluß auf diesen Kunstzweig ausüben wird.
>
> *François-Joseph Fétis in der ›Revue Musicale‹ über Chopins ersten öffentlichen Auftritt in Paris am 26. Februar 1832*

Dummkopf Philippe, der nur noch an seinem Ministerium hängt. Die niedere Klasse ist völlig verbittert – und jeden Augenblick wäre man bereit, dem Zustand des eigenen Elends ein Ende zu machen, doch zum Unglück hat die Regierung zu viele Vorsichtsmaßnahmen gegen derlei Dinge und treibt die geringste Ansammlung des Volkes auf der Straße mit berittener Gendarmerie auseinander.«

Sein wichtigster Förderer während der ersten Monate in Paris ist der Opernkomponist Ferdinando Paër, der für ihn eine Aufenthaltsgenehmigung erwirkt und ihn mit Größen der Pariser Musikszene wie Gioacchino Rossini und Luigi Cherubini zusammenbringt. Den Kontakt zu Paër verdankt Chopin einem Empfehlungsschreiben von Johann Malfatti, dem ehemaligen Hausarzt Ludwig van Beethovens, der zu seinen Gönnern in Wien gehörte. Schnell findet

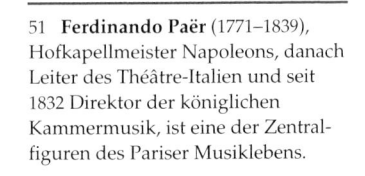

51 **Ferdinando Paër** (1771–1839), Hofkapellmeister Napoleons, danach Leiter des Théâtre-Italien und seit 1832 Direktor der königlichen Kammermusik, ist eine der Zentralfiguren des Pariser Musiklebens.

52 **Gioacchino Rossini** (1792–1868),
der gefeierte Opernkomponist und
Direktor des Théâtre-Italien

er auch Zugang zu Komponisten der jüngeren Generation, unter ihnen Franz Liszt und Ferdinand Hiller, aber auch zu Felix Mendelssohn Bartholdy, der sich vorübergehend in Paris aufhält.

Von besonderer Bedeutung ist die Begegnung mit dem 25 Jahre älteren Friedrich Kalkbrenner, dessen Klavierkünste sogar Chopin in Erstaunen versetzen: »Du glaubst nicht«, schreibt er an Tytus, »wie neugierig ich auf Herz, Liszt, Hiller usw. war, all das sind Nullen im Vergleich mit Kalkbrenner. Ich muß Dir gestehen, daß ich wie Herz gespielt habe, aber ich möchte so wie Kalkbrenner spielen. Wenn Paganini die Perfektion bedeutet, so ist Kalkbrenner ihm gleichwertig, aber auf völlig andere Art. Es ist schwer, Dir seinen *calme*, seinen bezaubernden Anschlag zu beschreiben – die unerhörte Gleichmäßigkeit und die Meisterschaft, die sich in jeder Note offenbart – er ist ein Riese, der Leute wie Herz, Czerny usw. niederstampft, und somit auch

Wichtige Musikerpersönlichkeiten aus dem Umfeld des Conservatoire
Luigi Cherubini (1760–1842), Direktor des Pariser Konservatoriums
Anton Reicha (1770–1836), Kompositionsprofessor am Konservatorium
François Habeneck (1781–1849), Kapellmeister der Opéra und Dirigent der Konservatoriumskonzerte

François-Joseph Fétis (1784–1871), Bibliothekar des Konservatoriums, einflußreicher Kritiker und Gründer der ›Revue Musicale‹

53 Friedrich Kalkbrenner (1788–1849), um 1830

mich.« Sein Urteil über Liszt freilich wird er schon bald revidieren: »Ich möchte ihm die Art stehlen, wie er meine Etüden spielt«, gesteht er 1833 in einem Brief an Hiller.

Kalkbrenner, der den Ruf eines Königs unter den Pianisten seiner Zeit genießt, zeigt sich beeindruckt vom e-Moll-Konzert und macht Chopin das Angebot, ihn drei Jahre lang kostenlos zu unterrichten, wobei der Gedanke, sich als Lehrer dieses genialen Schülers selbst ein Denkmal zu setzen, gewiß eine Rolle spielt. Chopin fühlt sich geehrt, aber noch einmal in die Lehre zu gehen, verbieten ihm sein Stolz und der Respekt vor Joseph

> Reicha kenne ich nur vom Sehen; Sie wissen, wie neugierig ich auf diesen Menschen war; ich kenne hier einige seiner Schüler, die mir eine andere Vorstellung von ihm vermittelt haben. Er liebt Musik nicht: geht nicht einmal in die Konzerte des Konservatoriums; will mit niemandem über Musik diskutieren; in seinen Lektionen schaut er nur auf die Uhr usw.; desgleichen radotiert [schwafelt] Cherubini nur von der Cholera und von Revolutionen. Diese Herren sind ausgetrocknete Puppen, auf die man nur mit Ehrerbietung schauen und aus deren Werken man lernen kann. Fetis, den ich kenne und von dem man in der Tat viel erfahren kann, wohnt wiederum außerhalb der Stadt, kommt nur zum Unterricht nach Paris, denn sonst säße er schon längst bei der heiligen Pelagia [gemeint ist das Pariser Gefängnis Sainte-Pélagie] wegen Schulden, deren er mehr hat, als ihm die ›Revue Musicale‹ einbringt.
> *Aus einem Brief vom 14. Dezember 1831 an Joseph Elsner*

54 Die Salons Pleyel, der Konzertsaal der gleichnamigen Klavierfabrik. Der Firmeninhaber Camille Pleyel (1788–1855) gehört zum engeren Freundeskreis Chopins. Teilhaber der Firma ist Friedrich Kalkbrenner. Wie er bevorzugt auch Chopin Pleyel-Klaviere.

Elsner, der ihn davor warnt, sich unter Kalkbrenners Fittiche zu begeben. Auch das hat mit Eitelkeit zu tun, denn den vorhersehbaren Ruhm, Chopins letzter und bedeutendster Lehrer gewesen zu sein, möchte Elsner nicht gern mit einem anderen teilen. Obwohl oder auch gerade weil sich kein Lehrer-Schüler-Verhältnis entwickelt, verkehren beide recht freundschaftlich miteinander. Kalkbrenner wird Widmungsträger des e-Moll-Konzerts, und er ist es auch, der durch seine Beziehungen Chopin zum ersten Auftritt in der Salle Pleyel verhilft.

Ausgesprochen herzlich, obwohl auch sie als Künstler miteinander konkurrieren, gestaltet sich das Verhältnis zu den Altersgenossen Liszt und Hiller. Letzterer wirkt auch bei seinem De-

---

Ich verblüffte Herrn Kalkbrenner, der mir sogleich die Frage stellte, ob ich nicht ein Schüler Fields sei, und behauptete, ich hätte ein Crausersches Spiel und einen Fieldschen Anschlag, – (das freute mich im Innersten) und noch mehr, als sich Kalkbrenner ans Klavier setzte und sich vor mir hervortun wollte, sich aber irrte und zu spielen aufhören mußte! Aber man hätte auch hören sollen, wie er die Reprise spielte; nichts Ähnliches hätte ich erwartet.
Aus einem Brief vom 12. Dezember 1831 an Tytus

55 **Franz Liszt** (1811–1886). Schon als Wunderkind berühmt, reift Liszt als Schüler Carl Czernys zum größten Klaviervirtuosen des 19. Jahrhunderts heran. Zu seinen Kompositionslehrern gehören Paër und Reicha, die Aufnahme ins Pariser Conservatoire allerdings wird ihm verweigert. Nach Konzertreisen durch halb Europa wird er vorübergehend in Paris und in der Schweiz seßhaft. Seine 1839 wiederaufgenommenen Konzerttourneen gleichen Triumphzügen, die nur denen des Geigers Niccolò Paganini zu vergleichen sind. 1852 veröffentlicht Liszt die erste Biographie seines Freundes Frédéric Chopin.

bütkonzert mit, um die von Kalkbrenner eigens für diesen Anlaß komponierte ›Grande Polonaise précédée d'une Introduction et d'une Marche‹ für sechs Klaviere aus der Taufe zu heben. Der Komponist, zwei seiner Schüler und der polnische Pianist Wojciech Sowiński komplettieren die ungewöhnliche Besetzung. Den führenden Part übernehmen Kalkbrenner und Chopin, der sich im Verlauf des Abends – vor nicht ganz ausverkauftem Haus – auch mit seinem ›ersten‹ Klavierkonzert und den Mozart-Variationen hören läßt, begleitet von einem Streichquintett. (Alle Indizien sprechen dafür, daß Chopin, anders als ursprünglich vorgesehen, tatsächlich das e-Moll-Konzert und nicht, wie oft behauptet wird, das ältere f-Moll-Konzert spielte.) Schon wenig später erfüllt sich auch sein Traum, einmal im Saal des berühm-

> Es ist etwas Grundeigentümliches in seinem Klavierspiel und zugleich so sehr Meisterliches, daß man ihn einen recht vollkommenen Virtuosen nennen kann; und da mir alle Art von Vollkommenheit lieb und erfreulich ist, so war mir dieser Tag ein höchst angenehmer. – Es war mir lieb, mal wieder mit einem ordentlichen Musiker zu sein, nicht mit solchen halben Virtuosen und halben Klassikern, die gern *les honneurs de la vertu et les plaisirs du vice* in der Musik vereinigen möchten, sondern mit einem, der seine vollkommen ausgeprägte Richtung hat. Und wenn sie auch noch so himmelweit von der meinigen verschieden sein mag, so kann ich mich prächtig damit vertragen; – nur mit jenen halben Leuten nicht.
> *Aus einem Brief Mendelssohns vom 6. Oktober 1835 an seine Eltern*

56 Felix Mendelssohn Bartholdy (1809–1847). Gemälde von Ferdinand Theodor Hildebrandt, um 1834

ten Konservatoriums aufzutreten, wenn auch nur als Gast in einem Wohltätigkeitskonzert. Die Presse urteilt freundlich, aber nicht überschwenglich, denn sein Klavierton wird als zu zart empfunden. Das Orchester, ohne Frage eines der besten der Welt, deckt ihn förmlich zu.

Einnahmen hat Chopin nur aus dem ersten dieser beiden Auftritte, doch führen sie dazu, daß sich jetzt auch die Verleger für ihn interessieren. Zunächst ist es Aristide Farrenc, der ihm einen Vorschuß auf die Veröffentlichung des e-Moll-Konzerts bezahlt und eine Option auf weitere Werke erwirbt. Durch den befreundeten Cellisten Auguste Franchomme kommt Chopin allerdings auch mit Maurice Schlesinger

57 **Ferdinand Hiller** (1811–1885), als Pianist, Dirigent und Musikschriftsteller einer der führenden Repräsentanten des deutschen Musiklebens im 19. Jahrhundert. Chopin und er werden gute Freunde.

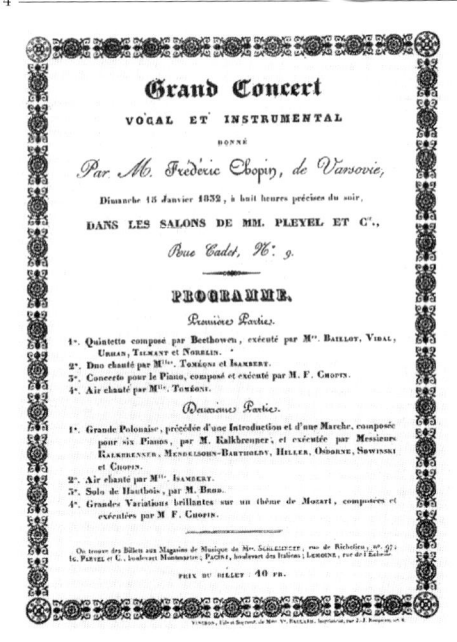

58 Programmzettel des ersten Pariser Konzerts vom 26. Februar 1832. Das Konzert sollte ursprünglich, wie angegeben, am 15. Januar stattfinden, wurde dann jedoch wegen einer Erkrankung Kalkbrenners verschoben.

ins Geschäft, der bei ihm und Franchomme das ›Grand duo concertant pour piano et violoncelle‹ bestellt, eine Gemeinschaftskomposition über Themen aus Giacomo Meyerbeers kurz zuvor mit beispiellosem Erfolg uraufgeführter Oper ›Robert le diable‹. Weil er sich vom Kontakt mit Schlesinger mehr verspricht, hält Chopin Farrenc monatelang hin, bis dieser schließlich aufgibt und den Vertrag löst: »Herr Chopin, ein Faulenzer und vollendeter Exzentriker, hätte sich sofort an die Ar-

> Monsieur Chopin ist ein sehr junger polnischer Pianist, der meiner Auffassung nach mit der Zeit zu großer Berühmtheit gelangen wird, insbesondere als Komponist. Zwar ist er reich an Ideen und originell, vermag dies aber noch nicht mit Orchester auszudrücken. Doch wird ihn dies noch die Erfahrung lehren. Der erste Satz des Konzertes, das er bereits aufgeführt hat, hat in Privatkonzerten größeren Eindruck gemacht. Man muß dies der geringen Lautstärke zuschreiben, die der Künstler dem Klavier entlockt und auch einer gewissen Schwere des Accompagnements, das man mit einem vollbesetzten Orchester besser spürt als mit einem Quartett.
>
> ›Le Temps‹ über Chopins Auftritt am 20. Mai 1832 im Pariser Konservatorium

beit machen sollen, doch er hat diese überhaupt nicht getan, obwohl er in Paris nicht viel Beschäftigung hat […] schließlich habe ich die Geduld verloren und den Vertrag, der uns beide verband, zerrissen. Ich habe ihm bedeutet, daß ich mit so einem merkwürdigen Individuum nichts zu tun haben will.«

Noch im Sommer schließt Chopin einen Exklusivvertrag mit Schlesinger, der zunächst die Mazurken op. 6 und 7 herausbringt; 1833 folgen das e-Moll-Konzert und die Etüden op. 10, drei Jahre später auch das Konzert in f-Moll. In Kooperation mit Schlesinger publizieren die Leipziger Verlage Probst-Kistner und, ab Opus 15, Breitkopf & Härtel seine Werke auch in Deutschland. In England liegt das Verlagsrecht bei Christian Wessel, dessen Art der Verkaufsförderung den Komponisten freilich zur Verzweiflung treibt: Die Nocturnes op. 9 erscheinen unter dem Titel ›Murmeln der Seine‹ (›Murmures de la Seine‹), der Bolero op. 19 als ›Erinnerungen an Andalusien‹ (›Souvenir d'Andalousie‹) und das h-Moll-Scherzo op. 20 gar als ›Höllenschmaus‹ (›Banquet infernal‹).

Zur Hauptbeschäftigung und wichtigsten Einnahmequelle in Paris wird der Klavierunterricht. Zunächst sind es vorwiegend Schüler und Schülerinnen aus polnischen Emigrantenkreisen, doch schon nach kurzer Zeit strömen ihm auch die Damen der Pariser Noblesse zu. Klavierstunden bei Chopin zu haben, gehört zum guten Ton. Der Preis beträgt zwanzig Francs, nicht wenig, aber auch nicht genug, um ihn wohlhabend zu machen. Immer-

59 Der Cellist **Auguste Franchomme** (1808–1884), einer der engsten Pariser Freunde, Widmungsträger der Cellosonate op. 65 und Co-Autor des ›Grand Duo concertant‹

Pariser Werke
Neben herausragenden Einzelwerken wie der g-Moll-Ballade op. 23, dem b-Moll-Scherzo op. 31, ›Andante spianato und Grande Polonaise‹ op. 22 für Klavier und Orchester (deren Komposition schon in Warschau und Wien weit gediehen war) sowie diversen Sammlungen von Mazurken, Polonaisen und Nocturnes sind es vor allem das zweite Dutzend der Etuden und die 24 Préludes op. 28, die Chopin während seiner ersten Jahre in Paris beschäftigen.

Als ›Erfinder‹ der Nocturne gilt John Field, der zwischen 1814 und 1835 insgesamt zwanzig Werke dieser Gattung – einige davon auch unter der Bezeichnung ›Romanze‹ oder ›Serenade‹ – veröffentlicht. Chopin kommt mit ihnen erstmals in Warschau in Berührung; persönlich lernt er den irischen Virtuosen, der die meiste Zeit seines Lebens in Moskau und St. Petersburg verbrachte, erst 1832 in Paris kennen. Von gegenseitiger Sympathie kann dabei nicht die Rede sein. Eine Bemerkung Fields aus dieser Zeit verrät, daß er wenig Bewunderung für den polnischen Kunstgenossen und dessen Kompositionen übrig hat: »ein Talent aus dem Krankenzimmer« (*un talent de chambre de malade*, doch gemeint ist wohl eher ›Irrenhaus‹).

Nicht nur in den Nocturnes, auch in seinen Werken für Klavier und Orchester ist Chopins Bezugnahme auf Field unüberhörbar, zumal in der von gedämpftem Streicherklang begleiteten Romanze (Larghetto) des e-Moll-Klavierkonzerts. Doch wie in seinen Polonaisen, die sich von konventioneller Glätte immer mehr entfernen, streift er auch in den Nocturnes das allzu gefällig Sentimentale ab. Trotzdem bleiben es eher schlichte Charakterstücke mit liedförmigem Aufbau, die den brausenden Bravourstil meiden. Ihre oft reichverzierten Kantilenen offenbaren einen sublimierten, an der italienischen Oper geschulten Belcantismus, der sich auch in späten Werken wie der Berceuse op. 57, der Barcarolle op. 60, aber auch in den vier Impromptus op. 29, op. 36, op. 51 und op. 66 wiederfindet.

Bach, Beethoven, Belcanto – auf diese, zugegebenermaßen etwas plakative Formel ließe sich das b-Moll-Scherzo bringen, das wohl am deutlichsten den Übergang zu Chopins Reifestil markiert. Es ist ein Werk, das auf einheitsstiftende Elemente wie Tanzrhythmen oder Folklorismen verzichtet, keinem formalen Schema huldigt und doch wie in einer klassischen Sonate heterogenes Material zusammenschmiedet: kontrollierte Ausdrucksvielfalt, die Gefühl und Intellekt in gleicher Weise anspricht. Ein Meisterstück. Chopin widmet es einer seiner Schülerinnen, Adèle de Fürstenstein, die, wäre sie nicht schon Gräfin, allein aus dieser Widmung ihren Adel ableiten könnte…

Mit der 1831 entstandenen g-Moll-Ballade, dem ersten Klavierwerk dieses Titels überhaupt, begründet Chopin, wie vor ihm Field, eine neue Gattung. Angeregt ist die Namensgebung durch die Dichtungen des von ihm bewunderten Lyrikers Adam Mickiewicz (›Ballady i romanse‹ 1822), einem Protagonisten der polnischen Romantik. Doch weder die erste noch die drei späteren Balladen (op. 31, op. 39, op. 51) berufen sich auf eine dichterische Vorlage. ›Programmusik‹ im Sinne eines Hector Berlioz oder Franz Liszt zu schreiben, widerstrebt Chopin; die poetische Ausdeutung seiner Musik, wie Robert Schumann sie betreibt, ist ihm geradezu ein Greuel. Und so sind,

60 Manuskript der Des-Dur-Etüde Nr. 8 aus Opus 25

ungeachtet ihres poetischen Grundcharakters, auch die Balladen ein Versuch, strukturelles Denken und romantisches Empfinden in experimenteller, doch schlüssiger Weise zu vereinen.

Mit mehr Distanz zur Tradition als Felix Mendelssohn Bartholdy, aber mit fast noch größerem Abstand zu den eingefahrenen Gleisen des Style brillant steuert er einen Weg, der die Klaviermusik des 19. Jahrhunderts revolutioniert. Exemplarisch dafür sind die 24 Préludes, deren nicht nur äußerliche Rückorientierung auf die beiden Zyklen des Wohltemperierten Klaviers einer radikalen Absage an den Zeitgeist gleichkommt. Anders jedoch als Muzio Clementis Etüdensammlung der ›Präludien und Übungen mit beigefügtem Fingersatz durch alle Dur- und Moll-Tonarten‹ ist Chopins Auseinandersetzung mit Bach keine bloße stilistische Attitüde, sondern Ausdruck seines immerwährenden Bestrebens, das Klavierspiel quasi neu zu erfinden. Der Mode seiner Zeit zollt er nur in Arbeiten wie den ›Variations brillantes‹ op. 12 über ein Thema von Ferdinand Hérold, dem Bolero oder dem ›Grand Duo concertant‹ (K. 901–902) Tribut, allesamt Werke der ersten Pariser Jahre, in denen er noch um die Gunst des Publikums und der Verleger buhlt.

61 **Jan Matuszyński** (1809–1842), ein Schulfreund Chopins, der seit 1834 in Paris lebt.

hin, es reicht für eine standesgemäße Unterkunft, elegante Kleidung und bald auch für einen Bediensteten. Nachdem er schon Anfang 1832 das kleine, vier Treppen hoch gelegene Appartement am Boulevard Poissonière Nr. 27 gegen die erste Etage des Hauses in der Cité Bergère 4 eingetauscht hat, bezieht er im Juni 1833 eine große Wohnung in der Rue de la Chaussée d'Antin Nr. 5, die er sich zunächst mit dem polnischen Arzt Aleksander Hoffmann und ein Jahr später mit dem ebenfalls aus Polen emigrierten Jugendfreund Jan Matuszyński teilt.

62 **Adam Mickiewicz** (1798–1855), Polens bedeutendster Dichter. 1832 nach Frankreich emigriert, arbeitet er als Professor für slawische Literatur, Redakteur der Zeitschrift ›La Tribune des Peuples‹ und als politischer Aktivist.

Zwei Frauen

Obwohl sein Vater ihn beschwört, die polnische Staatsbürgerschaft zu behalten, lehnt Chopin es ab, bei der russischen Botschaft um einen Paß zu bitten, der ihm die Rückreise in die Heimat gestatten würde. Er bekennt sich zum Status des Emigranten und begibt sich damit aller Möglichkeiten, seine Familie in Warschau zu besuchen. Die Gelegenheit zu einem Wiedersehen eröffnet sich dennoch, als dem Vater im Sommer 1835 eine Kur im böhmischen Karlsbad verordnet wird. Kaum hat Chopin davon erfahren, unternimmt er alles, um noch am selben Tag wie seine Eltern dort zu sein. Es ist das erste Wiedersehen nach fast fünf Jahren, und die Freude ist »unbeschreiblich: Wir umarmen und umarmen uns […] schade, daß wir nicht alle beisammen sind«, heißt es in einem Brief an die daheimgebliebenen

63 Chopins Eltern im Jahr 1829, gezeichnet von Ambroży Mieroszewski. Im Sommer 1835, nach fünfjähriger Abwesenheit von Warschau, nutzt Chopin die Gelegenheit, seine Eltern in Karlsbad zu treffen. Es ist ihr letztes Wiedersehen.

Schwestern. Beide sind inzwischen verheiratet, die ältere, Ludwika, ist schon Mutter zweier Kinder.

Fast einen ganzen Monat lang ist Chopin mit den Eltern zusammen. Die letzte Woche verbringen sie auf Einladung des Grafen Thun-Hohenstein auf dessen Schloß in Tetschen nahe der sächsischen Grenze. Wie zuvor den Söhnen des Grafen in Paris erteilt Chopin auch der jüngsten Tochter, Comtesse Josefina, Klavierunterricht. Der wahrscheinlich in Karlsbad komponierte Walzer op. 34 Nr. 1 ist ihr gewidmet. Am 19. September 1835, wenige Tage nach dem Abschied von den Eltern, reist Chopin nach Dresden, um Bekannte zu besuchen. Einer seiner ersten Wege führt ihn zu den Wodzińskis, einer reichen Adelsfamilie, die seit dem Ende des Warschauer Aufstands im Aus-

---

64 Das böhmische Marienbad, um 1840, Ort der Wiederbegegnung mit Maria Wodzińska im Sommer 1836. Am Ende der Reise kommt es zur heimlichen Verlobung.

65 Maria Wodzińska (1819–1896), Chopins Verlobte. Selbstportrait

land lebt. Zwei ihrer Söhne waren Zöglinge des Lyzeums und vorübergehend Gäste des Chopinschen Pensionats. An Maria, die älteste Tochter, erinnert sich Chopin nur noch als kleines Mädchen. Jetzt ist sie fünfzehn Jahre alt, vielseitig gebildet und, als ausgezeichnete Klavierspielerin, eine große Bewunderin seiner Werke. Chopin gibt ihr Unterricht, verbringt auch sonst viele Stunden mit ihr und beschenkt sie mit dem Walzer in As-Dur op. 69 Nr. 1 (›Abschiedswalzer‹), der unverkennbar Züge einer Mazurka trägt. Dieses polnische Element – hier zweifellos als

> **Die erste Erwähnung Marias findet sich in einem Brief an ihren Bruder Feliks, einen Freund aus Jugendtagen. Bei ihm bedankt er sich für die Übersendung einer Komposition aus der Feder seiner Schwester. Näheres über dieses Werk ist nicht bekannt. Chopins Antwort vom 18. Juli 1834:**
> Deine Schwester war so artig, mir ihre Komposition zu schicken. Das hat mich unsäglich gefreut, und ich habe noch am selben Abend in einem der hiesigen Salons über das wunderhübsche Thema jener Marynia improvisiert, mit der man sich ja in alten Zeiten in Pszennys Haus in den Zimmern herumgejagt hatte! ... Und heute! Je prends la liberté d'envoyer à mon estimable collegue Mlle Marie une petite valse* que je viens de publier. Möge er ihr den hundertsten Teil des Vergnügens bereiten, das ich empfand, als ich die Variationen erhielt.
> **Die erwähnte »petite valse« ist der Walzer in Es-Dur op. 18.*

66 **Robert Schumann** (1810–1856), Chopins treuester Verbündeter in Deutschland. Schumann zeichnet in seinem ›Carnaval‹ op. 9 von 1835 ein musikalisches Portrait des bewunderten Kollegen und widmet ihm 1838 auch die ›Kreisleriana‹ op. 16; Chopin revanchiert sich mit der Zueignung der F-Dur-Ballade op. 38.

charmante Geste zu verstehen – findet sich in seinen Walzern oft, am deutlichsten in dem in a-Moll op. 34 Nr. 2, seinem Lieblingswalzer.

Als Chopin sich nach einer Woche in Richtung Leipzig verabschiedet, sendet Maria Wodzińska ihm einen Brief nach, der bei aller Ziseliertheit und vornehmen Zurückhaltung ein deutliches Zeichen ihrer schwärmerischen Verehrung für ihn ist. Daß Chopin sie erwidert, steht außer Frage, doch gilt seine Zuneigung nicht ihr allein, sie erstreckt sich vielmehr auf die gesamte Familie, die ihm Geborgenheit schenkt wie seine eigene. Es ist nicht nur Heimweh, das in diesen Gefühlen mitschwingt, sondern brennende Sehnsucht nach einem verlorenen Land. In den Wodzińskis rückt es ihm wieder nahe. Diese Beimischung patriotischer Gefühle kennzeichnet auch das Verhältnis der Familie zu

---

Chopin trat nicht mit einer Orchesterarmee auf, wie Großgenies tun; er besitzt nur eine kleine Kohorte, aber sie gehört ihm ganz eigen bis auf den letzten Helden.

Seinen Unterricht aber hatte er bei den Ersten erhalten: bei Beethoven, Schubert, Field. Wollen wir annehmen: der erste bildete seinen Geist in Kühnheit, der andere sein Herz in Zartheit, der dritte seine Hand in Fertigkeit.

Also stand er ausgestattet mit tiefen Kenntnissen seiner Kunst, im Bewußtsein seiner Kraft vollauf gerüstet mit Mut, als im Jahre 1830 die

67 Frédéric Chopin im Jahr 1836, portraitiert von seiner nicht nur musikalisch, sondern auch als Malerin begabten siebzehnjährigen Verlobten Maria Wodzińska.

große Völkerstimme im Westen sich erhob. Hunderte von Jünglingen warteten des Augenblicks; aber Chopin war der ersten einer auf dem Wall oben, hinter dem eine feige Restauration, ein zwergiges Philistertum im Schlafe lag. Wie fielen da die Schläge rechts und links, und die Philister wachten erbost auf und schrien: »Seht die Frechen!« – Andere aber im Rücken der Angreifenden: »Des herrlichen Muts!«
Robert Schumann in seiner Rezension der Chopinschen Klavierkonzerte, erschienen 1836 in der ›Neuen Zeitschrift für Musik‹

ihm: »Wir bedauern unaufhörlich, daß sie nicht Chopiński heißen oder daß es kein anderes Zeichen dafür gibt, daß Sie Pole sind, denn dann könnten uns die Franzosen nicht das Recht streitig machen, Ihre Landsleute zu sein.«

In Leipzig trifft Chopin sich mit seinem deutschen Verleger und sieht auch Felix Mendelssohn Bartholdy wieder, mit dem er schon im Jahr zuvor, in Begleitung Hillers, auf dem Niederrheinischen Musikfest in Aachen zusammengetroffen war. Mendelssohn macht ihn mit Robert Schumann und dessen späterer Frau, der Pianistin Clara Wieck, bekannt. Wie Schumanns Rezensionen tragen auch die Auftritte Clara Wiecks erheblich dazu bei, den Ruhm Chopins in Deutschland zu verbreiten. Die kurze Begegnung mit ihm faßt Schumann in der ›Neuen Zeitschrift für Musik‹ knapp, aber voller Bewunderung zusammen: »Er spielt genau so, wie er komponiert, das heißt: einzig.«

Die Rückreise führt Chopin über Heidelberg, wo er im Elternhaus seines deutschen Schülers Adolf Gutmann übernachten will. Unmittelbar nach seiner Ankunft ereilt ihn die erste der sich von nun an häufenden gesundheitlichen Krisen, ein Fieber, durch das sich die Weiterreise tagelang verzögert. Wieder in Paris, verschlimmert sich sein Zustand so sehr, daß er sein Testament verfaßt. Die Symptome – Bluthusten und schweres Fieber – deuten auf eine Lungenentzündung hin. Sein Arzt und Mitbewohner Jan Matuszyński kümmert sich um ihn, und im Dezem-

Es galt eine fast misanthropische Abneigung zu überwinden, ehe man Chopin dahin vermochte, sein Haus und sein Klavier wenigstens seinen näheren Freunden zu öffnen, die ihn dringend darum angingen. – Mehr als einer der Beteiligten erinnert sich ohne Zweifel noch der ersten, trotz seines Sträubens bei ihm improvisierten Abendgesellschaft. […] Sein Zimmer, darin man ihn plötzlich überfiel, war nur von einigen Kerzen erleuchtet, die an einem Pleyelschen Flügel brannten, welche Instrumente er wegen ihres silbernen, ein wenig verschleierten Klanges und leichten Anschlags besonders liebte. – Ihm entlockte er Töne, die einer jener Glasharmonikas anzugehören schienen, welche die alten Meister durch Vermählung von Kristall und Wasser so sinnreich konstruierten und deren poetisches Monopol das romantische Deutschland bewahrt. […] Mit aufgestützten Armen, in einen Stuhl zurückgelehnt, sah man Madame George Sand, von regster Aufmerksamkeit gefesselt. Über allem, was sie hörte, verbreitete sich der Widerschein ihres feurigen Genies...
Franz Liszt über Chopin als Gastgeber in der Rue de la Chaussée d'Antin Nr. 5

68 Marie Gräfin d'Agoult (1805–1867). Gemälde von Henri Lehmann, 1843

ber scheint die Krankheit überwunden. In Warschau jedoch geht schon die Nachricht um, er sei gestorben. Chopin beteiligt sich indes mit Eifer an der Durchführung einer Tombola und eines Wohltätigkeitsbasars zugunsten polnischer Emigranten. Dank seiner Mithilfe wird die dreitägige Veranstaltung unter dem Patronat der Fürstin Anna Czartoryska ein voller Erfolg. Als Patriot betätigt er sich auch im Frühjahr 1836 bei den Feiern zum Jahrestag der polnischen Verfassung. Sein Beitrag sind zehn Lieder auf Gedichte von Wincenty Pol, von denen jedoch nur eines erhalten ist und als Nr. 17 in die postum veröffentlichte Sammlung op. 74 Eingang gefunden hat.

Die einzige größere Reise des Jahres 1836 führt Chopin nach Marienbad in Böhmen. Ziel der Unternehmung ist allein die

> Von 1833 an ist die Gräfin **Marie d'Agoult** für etwa zehn Jahre die Geliebte Franz Liszts. Das Ende ihrer Freundschaft mit George Sand belastet vorübergehend auch das Verhältnis zwischen Chopin und Liszt.

69 ›Erinnerung an Liszt‹. Gemälde von Joseph Danhauser, 1840

Wiederbegegnung mit Maria Wodzińska, die sich dort mit ihrer Mutter und ihren Schwestern aufhält. Weil sich die Wodzińskis wieder in Polen niedergelassen haben, kann er sich mit ihr nur außerhalb des Zarenreiches treffen. In Marienbad und anschließend in Dresden findet die zarte Liaison ihre von allen Beteiligten ersehnte Fortsetzung, auch die Billigung der Eltern scheint so gut wie sicher. Doch erst nach drei Wochen, am Vorabend seiner Abreise, kommt es zur heimlichen Verlobung. Heimlich deshalb, weil die Mutter der Verbindung den offiziellen Segen nicht ohne ausdrückliche Zustimmung des Vaters erteilen mag. Überdies möchte sie Klarheit über den Gesundheitszustand ihres zukünftigen Schwiegersohns haben und dringt darauf, daß

Franz Liszt am Klavier, links im Bild der Dichter Alexandre Dumas (d. Ä.), neben ihm, sitzend, George Sand; dahinter, stehend, Victor Hugo, Niccolò Paganini und Gioacchino Rossini. Im Vordergrund rechts, hingegossen zu Füßen des Meisters, Marie d'Agoult; auf dem Flügel eine Beethoven-Büste von Anton Dietrich

er sich untersuchen läßt. Nach Konsultation eines Arztes und der dringenden Ermahnung, sich stets warm anzuziehen und vor Überanstrengung zu hüten, wird eine einjährige ›Probezeit‹ vereinbart, während der niemand von den Heiratsabsichten erfahren soll.

In Paris angekommen, liegt dort bereits ein Brief, in dem Frau Wodzińska ihre Besorgnis noch einmal unterstreicht: »Denke nicht, daß ich mein Wort zurücknehme, aber ich bedaure, daß wir die Vorgehensweise nicht näher besprechen konnten. Bis dahin bitte ich Dich zu schweigen; bleib gesund, denn davon hängt alles ab.« Im Nachsatz steht: »Durch Herrn Germany schickt Maria Dir Pantoffeln. Sie sind etwas groß, aber sie denkt, daß Du dazu Wollstrümpfe tragen solltest. Das ist auch die Meinung des Doktor Paris, und ich vermute, daß Du den Rat befolgen wirst, wie Du versprochen hast. Denke daran, daß dies eine Probezeit ist.«

Pantoffeln statt Liebe – eine harte Prüfung für den 26jährigen, der gar nicht daran denkt, seinem gewohnten Lebenswandel abzuschwören. Da er ohnehin nicht zu Exzessen neigt, glaubt er, den Auflagen Frau Wodzińskas mit gelegentlicher Erwähnung der Pantoffeln und der brieflichen Beteuerung, daß er zeitig schlafen gehe, Genüge zu tun. Doch im Haus seiner heimlichen Verlobten ist man bestens darüber unterrichtet, wie er wirklich lebt und daß er Umgang hat mit Personen von nicht ganz untadeligem Ruf. Zu diesen gehört auch

70 George Sand und Marie d'Agoult. Karikatur von Maurice Sand. Aquarell, 1836

> Wir wollen nun die Frage untersuchen, wie und wen Chopin geliebt hat, und uns dabei im wesentlichen an die drei vielbesprochenen Frauengestalten halten, die ihm an verschiedenen Stationen seiner Lebensbahn das Herz schwer machten. Die Liebe zu den beiden ersten blieb in jedem Fall ein schöner, unerfüllter Traum. Sie entsprachen freilich, wenn auch bloß für eine allzu kurze Frist, der tiefen Sehnsucht seiner aufgewühlten Künstlerseele. Die Liebe zu der dritten fand hingegen zwar in langen Jahren der Gemeinsamkeit die irdische Erfüllung, bereitete ihm aber auch die bittere Enttäuschung einer unheilbaren Irrung.
>
> Sie weisen uns drei unterschiedliche Aspekte seiner Fühl- und Denkungsart, wenn auch um den Preis von gleicherweise mißlichen Erfahrungen.
>
> *Alfred Cortot in ›Aspects de Chopin‹ (1949) über die Frauen in Chopins Leben (zit. n. der dt. Übersetzung v. Hanns von Winter)*

Marie Gräfin d'Agoult, die ihren Mann verlassen hat, um die Geliebte von Franz Liszt zu werden, eine Verbindung, aus der drei uneheliche Kinder hervorgehen. Das Paar ist ein strahlender Mittelpunkt der Pariser Boheme und zählt Chopin zu seinen engsten Freunden.

Eine Frau, deren Erscheinung und Lebenswandel vollends den damaligen Vorstellungen von Schicklichkeit und Etikette widerspricht, ist die Schriftstellerin George Sand: Sie raucht Zigarren, trägt Hosen und geht keiner Debatte aus dem Weg. »Was für eine abstoßende Frau, die Sand! Ist sie wirklich eine Frau? Ich neige dazu, daran zu zweifeln«, äußert Chopin gegenüber Hiller, nachdem er ihr zum erstenmal begegnet ist. Sie näher kennenzulernen, hat er schon bald Gelegenheit, und seine anfängliche Abneigung verkehrt sich rasch in Sympathie.

Am 5. November 1836 sind beide bei Franz Liszt zu Gast, fünf Wochen später begegnen sie sich dort erneut. George Sand – ihr richtiger Name ist Aurore Dudevant, geborene Dupin – erblickt in Chopin all das, was sie an ihrem geschiedenen Ehemann, ei-

---

Chopin hustet mit unendlicher Anmut.

Marie d'Agoult an George Sand (26. März 1837)

71 George Sand. Gemälde von
Auguste Charpentier, 1838

nem Baron, mit dem sie zwei Kinder hat, und auch in ihren Beziehungen zu anderen Männern vermißte: Kultiviertheit und wahres Künstlertum. Auch ihre bisherigen Liebhaber waren jünger als sie, darunter bedeutende Dichter wie Alfred de Musset und Jules Sandeau, mit dem sie das Pseudonym ›Sand‹ und ihre ersten literarischen Erfolge teilte. Chopin jedoch ist anders: ein Genie, aber kein Konkurrent auf ihrem Gebiet der Kunst, eine schillernde Persönlichkeit, aber nicht unberechenbar, ein Beau, aber kein Frauenheld. Nur eines, das sie sich von ihm erhofft,

> George Sand, deren Neugier teils durch Chopins Kompositionen, teils durch Berichte über seine Person erregt war, äußerte zu Liszt den Wunsch, die Bekanntschaft seines Freundes zu machen. – Liszt sprach darauf mit Chopin. Dieser hatte aber keine Lust, mit ihr zu verkehren; er behauptete, er mache sich aus schriftstellernden Frauen nichts und verstehe nicht mit ihnen umzugehen.
>
> *Nach einer angeblichen Mitteilung Franz Liszts an den Biographen Friedrich Niecks (zit. n. Reich)*

72 Chopin am Klavier. Bleistiftzeichnung von Jakob Goetzenberger, 1838

ist Chopin nicht: ein erfahrener Liebhaber. Er reagiert nicht auf erotische Signale, und so bleibt ihre Beziehung zunächst rein platonisch. Chopin hält der fernen Geliebten Maria Wodzińska die Treue, George Sand ihrem draufgängerischen Anwalt Louis Michel aus Bourges, dem sie ihre Unabhängigkeit, das Sorgerecht für ihre Kinder und den Erhalt des prächtigen Familienbesitzes in Nohant verdankt.

Im Februar 1837 befällt Chopin erneut das Fieber, wieder spuckt er Blut und hütet mehrere Wochen lang das Bett – ein Rückfall, der von der Mutter seiner Braut als Beweis dafür gewertet wird, daß er sich nicht an ihre Verordnungen gehalten

> Wunderschön hörte ich ihn oft präludieren. Einmal versank er so ganz in sein Spiel, war der Welt völlig entrückt – da kam sein Diener leise herein und legte einen Brief auf das Notenpult. Mit einem Aufschrei brach Chopin sein Spiel ab, sein Haar sträubte sich in die Höhe; was ich bisher für unmöglich gehalten, sah ich nun mit eigenen Augen; doch währte dies nur einen Augenblick.
> *Aus dem Tagebuch der Wiener Pianistin und Chopin-Schülerin*
> *Friederike Streicher (zit. n. Reich)*

hat. Der Ton der Briefe, die er von den Wodzińskis erhält, wird frostiger. Im März schickt ihm Maria nur ein kurzes Schreiben, das mit der Floskel schließt: »Leben Sie wohl, behalten Sie uns in Erinnerung«. Chopin reagiert entsprechend unterkühlt und förmlich. Auf eine Einladung nach Dresden wartet er vergeblich, und statt, wie geplant, das Ende seiner ›Probezeit‹ mit einer offiziellen Verlobung zu feiern, reist er im Juli für drei Wochen nach London. Dorthin wird ihm ein Schreiben nachgesandt, das die endgültige Absage enthält. Der Wortlaut ist nicht überliefert, nur seine Antwort an Mutter Teresa: »Ihr letzter Brief erreichte mich in London, wo ich den vergangenen Monat vertrödelt habe. Ich dachte, von dort über Holland nach Deutschland zu fahren … Ich kehrte nach Hause zurück, es wurde spät, und sicherlich wird es in meinem Zimmer für mich gänzlich zu spät werden.«

In Paris beendet Chopin dieses Kapitel seines Lebens, indem er die Wodzińska-Briefe zu einem Päckchen zusammenbindet und es mit der Aufschrift versieht: »Moja biéda« (mein Elend).

Es wäre ungerecht, wenn ich bei dieser Gelegenheit nicht einen Pianisten erwähnen wollte, der neben Liszt am meisten gefeiert wird. Es ist Chopin, und dieser kann zugleich als Beispiel dienen, wie es einem außerordentlichen Menschen nicht genügt, in der technischen Vollendung mit den Besten seines Faches rivalisieren zu können. Chopin ist nicht damit zufrieden, daß seine Hände ob ihrer Fertigkeit von anderen Händen beifällig beklatscht werden; er strebt nach einem besseren Lorbeer: seine Finger sind nur Diener seiner Seele, und diese wird applaudiert von Leuten, die nicht bloß mit Ohren hören, sondern auch mit der Seele. – Chopin ist daher der Liebling jener Elite, die in der Musik die höchsten Geistesgenüsse sucht. Sein Ruhm ist aristokratischer Art, er ist parfümiert von den Lobsprüchen der guten Gesellschaft, er ist vornehm wie seine Person.
Heinrich Heine an August Lewald (›Über die französische Bühne‹, 1837)

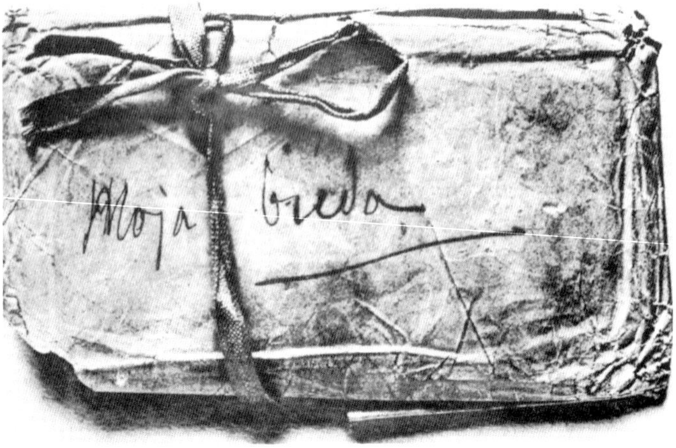
Moja bieda

Die neue Familie

In keiner anderen Metropole des 19. Jahrhunderts ist soviel musikalische Prominenz versammelt wie in Paris. Am dichtesten ist das Gedränge auf dem Feld der Klaviermusik. »Wie Heuschreckenscharen«, schreibt Heinrich Heine, »kommen die Klaviervirtuosen jeden Winter nach Paris« – die Konzertsäle und Salons werden zum Schauplatz einer pianistischen Dauer-Olympiade. In der Saison 1837/38 meldet sich auch Chopin zurück, auf Gladiatorenkämpfe freilich, wie sie Franz Liszt und Sigismund Thalberg im Wettspiel miteinander austragen, läßt er sich nicht ein.

Nachdem er lange Zeit nur noch in privaten Häusern und bei Wohltätigkeitsveranstaltungen zugunsten polnischer und auch italienischer Einwanderer aufgetreten ist, gibt er im Februar auf Einladung des Königshauses ein Konzert in den Tuilerien, ein Auftritt, der zwar unter Ausschluß der breiteren Öffentlichkeit

74 Frédéric Chopin im Jahr 1838, gemalt von seinem Freund Eugène Delacroix. Die Darstellung fügt sich mit der George Sands (s. S. 96) zu einem Doppelportrait zusammen.

stattfindet, aber gleichwohl öffentliche Aufmerksamkeit erregt. Anfang März beteiligt er sich an einem Konzert von Charles Henri Valentin Alkan, einem hochbegabten, etwas exzentrischen jungen Mann, der ihm als Komponist von Etüden und Préludes in allen Tonarten nacheifert, wenn auch mit deutlicher Tendenz zur Programmusik eines Hector Berlioz. Nachgerade spektakulär verläuft ein Konzert am 12. März 1838 im Rathaus von Rouen, das auch Besucher aus Paris anlockt. Auf Einladung des Theaterkapellmeisters und Elsner-Schülers Antoni Orłowski spielt Chopin sein e-Moll-Konzert, und der Korrespondent der ›Gazette Musicale‹ registriert bei den 500 anwesenden Zuhörern »dieses elektrisierende Erschauern, dieses Raunen der Begeisterung und des Erstaunens, die die Bravorufe der Seele sind.« – »Der Erfolg war unermeßlich!«

Einer ungesicherten Überlieferung zufolge wird Chopin in diesen Monaten das Amt eines Hofpianisten in St. Petersburg angetragen. Am Zarenhof ist man offenbar gewillt, über die Tatsache hinwegzusehen, daß er sich ohne gültigen Paß in Paris aufhält und dort polnische Emigranten offen unterstützt. Chopin jedoch weist das durchaus ehrenvolle Angebot zurück und läßt dem russischen Botschafter gegenüber keinen Zweifel daran, daß er auf der Seite der polnischen Freiheitskämpfer steht.

Sie sind doch ein recht schlechter Mensch, und nicht werth, dass Sie Gottes Erdboden kennen (sic) noch trägt. Der König von Preussen hätte Sie sollen auf der Festung sitzen lassen; er hätte dann der Welt einen Rebellen, einen Ruhestörer und einen schändlichen Menschenfeind entrückt, der wahrscheinlich noch einmal in seinem eigenen Blute ersticken wird. Eine Unzahl (oder Anzahl; das Manuscript ist undeutlich) Feinde nicht nur in Berlin, sondern in allen Städten, die ich auf meiner Kunstreise im verflossenen Sommer berührt habe, habe ich bemerkt, besonders recht viel hier in Leipzig, wo ich Ihnen dies zur Nachricht schreibe, damit Sie künftig Ihre Gesinnung ändern und nicht zu lieblos gegen andere Menschen handeln. Noch einmal ein schlechter, schlechter Streich, und es ist um Sie geschehn! Verstehen Sie mich, Sie kleiner Mensch, Sie liebloser und parteiischer Recensentenhund, Sie musikalischer Schnurrbart, Sie Berliner Witzmacher etc.
  Alleruntertänigster Chopin.
Kommentar von Rellstab: Ob Herr Chopin den Brief selbst geschrieben? Ich weiss es nicht, und werde es nicht behaupten, drucke das Actenstück aber hier ab, damit er es anerkennen oder widerlegen kann.
Angeblicher Brief Chopins in gewollt schlechtem Deutsch, veröffentlicht in der von Ludwig Rellstab redigierten Zeitschrift ›Iris‹ vom 31. Januar 1834

Ein subtiler Ausdruck seines ungebrochenen Patriotismus sind auch die Ende der dreißiger Jahre komponierten drei Mazurken-Sammlungen opp. 30, 33 und 41. Zwar eignet ihnen immer weniger ›bodenständiger‹ Charakter, doch gerade ihre hochartifizielle Schönheit macht sie zu jenen »unter Blumen eingesenkten Kanonen«, von denen Robert Schumann 1836 in einer seiner prophetischen Rezensionen schreibt: »Denn wüßte der gewaltige selbstherrschende Monarch im Norden [i. e. der Zar], wie in Chopins Werken, in den einfachen Weisen seiner Mazurken, ihm ein gefährlicher Feind droht, er würde die Musik verbieten.«

Schumann legt sich, wie zwanzig Jahre später für Johannes Brahms, als publizistischer Herold für Chopin ins Mittel, um so mehr, als der Berliner Musikschriftsteller Ludwig Rellstab nicht davon abläßt, ihn und seine Werke herabzuwürdigen. Gipfel der Infamie ist ein 1834 in der Zeitschrift ›Iris‹ veröffentlichter, mit »Chopin« unterzeichneter Drohbrief (siehe gegenüberliegende Seite), den dieser nie geschrieben hat. Schon das holprige Deutsch entlarvt den Brief als Fälschung. Rellstab, der das vermutlich selbst am besten weiß, fordert Chopin zu einer Gegendarstellung heraus. Chopin indes läßt sich nicht aus der Reserve locken und geht geflissentlich über die Provokation hinweg. Schumann allerdings kann sich einen Seitenhieb auf Rellstab nicht verkneifen und schreibt 1836 anläßlich einer Besprechung des Trios op. 8: »Armer Berliner Recensent, der du von all dieser

75 Der Berliner Schriftsteller und Musikkritiker Ludwig Rellstab (1799–1860). Stahlstich von A. Weger nach einer Photographie

76 George Sand im Jahr 1838, gemalt von Delacroix (linke Hälfte des ursprünglichen Doppelportraits mit Chopin)

Schönheit noch nichts geahnet, nie etwas ahnen wirst, armer Mann!«

Außerhalb Polens und Frankreichs noch eher ein Geheimtip als eine wirkliche Berühmtheit – neben Clara Wieck sind es nur wenige, die seine Werke regelmäßig auf ihre Konzertprogramme setzen –, ist der achtundzwanzigjährige Chopin in Paris längst eine illustre Persönlichkeit. Daß er sich als Pianist so selten hören läßt, weil er den großen öffentlichen Auftritt scheut, macht ihn als Gast in den Salons nur noch begehrter. Chopin verschließt sich den zahlreichen Einladungen nicht, denn bei aller Distanz, die er im persönlichen Umgang pflegt, nimmt er doch am gesellschaftlichen Leben regen Anteil.

Den engsten Kontakt hat er zweifellos zu in Paris lebenden Polen wie seinem alten Freund Julian Fontana und zu der schö-

Chopin und Delacroix lieben sich wirklich zärtlich. Ihre Charaktere ähneln einander sehr; sie sind auch gleich groß an Herz und Geist. Aber im Bereich der Kunst versteht Delacroix Chopin und verehrt ihn; Chopin versteht aber Delacroix nicht. Er schätzt, liebt und verehrt den Menschen, aber er verabscheut den Maler. Delacroix, der vielseitiger begabt ist, liebt die Musik; er kennt und versteht sie; er hat einen sehr feinen und sicheren Geschmack. Er wird nicht müde, Chopin zuzuhören; er genießt dessen Kunst und kennt sie auswendig. Diese Bewunderung nimmt Chopin entgegen und ist von ihr gerührt; aber wenn er ein Bild seines Freundes betrachtet, so leidet er und findet kein Wort dafür. Er ist Musiker, nichts

77 Der Maler Eugène Delacroix
(1798–1863). Frühe Daguerreotypie
von Frépillon, 1842

nen Gräfin Delfina Potocka. Für die Liaison mit ihr, die ihm oft angedichtet wird, halten nur einige Briefe her, die sich als gefälscht erwiesen haben. Zu seinen engeren Bekannten aus der Kunstszene gehören neben Musikerfreunden wie Franchomme und Liszt, der sein erster Biograph wird, vor allem der Maler Eugène Delacroix sowie die Dichter Heinrich Heine, Alfred de Vigny – und natürlich George Sand.

George, die einen männlichen Vornamen trägt, ist eine Frau, die polarisiert: einnehmend und einschüchternd zugleich, irritierend durch ihr Auftreten, ihre radikalen Ansichten und ihren kämpferischen Einsatz für das Selbstbestimmungsrecht der Frau – auch und vor allem in der Liebe, die sie »die achtbarste und heiligste Sache der Schöpfung« nennt. Fast noch schockierender für die Männerwelt der Kunst ist ihre schriftstellerische

> als Musiker. Sein Geist kann sich nur in Musik ausdrücken. Er hat einen unendlich feinen und scharfen Geist, aber er kann weder die Malerei noch die Bildhauerei verstehen. Michelangelo jagt ihm Furcht ein, Rubens entsetzt ihn. Alles, was das Normale überschreitet, empört ihn. Er vergräbt sich ganz in das Konventionelle. Wie sonderbar! Er ist das originellste und eigenartigste Genie, das je da war; aber er will nicht, daß man es ihm sagt ...
>
> *George Sand in ›Impressions et Souvenirs‹, 1877,*
> *über die Freunde Delacroix und Chopin*

Potenz, die sie mit immer neuen Romanerfolgen unterstreicht. Die zeitgenössischen Urteile über sie schwanken zwischen Mißgunst und Bewunderung, Feindseligkeit und Sympathie, gleichgültig läßt sie fast niemanden. Als »geniale Null« bezeichnen sie die Verleger Goncourt, einen blutsaugenden »Vampir« nennt sie sogar ein Freund Chopins, einfach nur als eine Frau, die den Mut hat, »offen einzugestehen, was sie will und liebt«, sieht sie der Pianist Stephen Heller und kommt damit der Wahrheit wohl am nächsten. Im Frühjahr 1838 hat sie sich entschieden: sie will Chopin.

Seit den ersten freundschaftlichen Begegnungen hat sich beider Verhältnis nicht einschneidend verändert. Einladungen nach Nohant ist Chopin bisher nicht gefolgt. Erst Anfang 1838 wird die Beziehung intensiver, knisternde Spannung baut sich auf, doch statt zur Entladung kommt es nur zu einer »himmlischen Umarmung«. George Sand ist verunsichert. Sie weiß nicht, wie es um Chopins Gefühle für Maria Wodzińska steht, die er wie einen Schutzschild vor sich herzutragen scheint. Einstweilen kehrt sie nach Nohant zurück, doch über einen gemeinsamen Freund verschafft sie sich Gewißheit, daß Chopin in keiner Weise mehr gebunden ist, und setzt ihr Werben fort. Im Juni ist sie wieder in Paris, und um keinen Zweifel an ihren Absichten zu lassen, verabschiedet sie ihren Liebhaber, der der Hauslehrer ihres Sohnes ist, und schickt beide kurzerhand zum Wandern in die Normandie. Als Überraschung geplant, wird ihr Besuch in Paris für sie selbst zur Überraschung: Chopin, der

---

»Wer ist jetzt ihr Cavalier?«

»Chopin, der Clavier-virtuos, ein liebenswürdiger Mann, dünn, schmal, vergeistigt wie ein Poët aus der Trösteinsamkeit. –«

»Virtuosen müssen ihr besonders angenehm sein; war nicht auch Liszt eine Zeitlang ihr Liebling?«

»Sie sucht Gott, und er ist ja nirgends schneller zur Hand, als in der Musik. Das ist so allgemein, das fordert keinen Widerspruch heraus, das ist niemals dumm, weil es niemals klug zu sein braucht, das ist Alles, was man eben will und kann, – das erlös't vom Geiste, der uns eben peinigt, und macht uns doch nicht geistlos. – Liszt stand ihr übrigens näher durch lebendigen Geist, als durch Musik; in dieser ist er ja nur Clavier-virtuos.«

Die Schriftsteller Heinrich Laube und Heinrich Heine im Gespräch über George Sand (Heinrich Laube: ›George Sands Frauenbildnisse‹, Brüssel 1845)

78 ›Son Vent‹ (Haus des Windes), Chopins Quartier während der ersten Wochen seines Mallorca-Aufenthalts. Aquarell von Maurice Sand, 1838

Zauderer, wirft alle Bedenken über Bord. Er ist bereit, ihr zu folgen, nicht nur nach Nohant, sondern auf eine weite Reise in den Süden, die sie zusammen mit ihren beiden Kindern noch im Herbst antreten will. Beschleunigt wird der Plan durch Georges Ex-Liebhaber, der sie mit rasender Eifersucht verfolgt und nur mit Mühe davon abzubringen ist, sich mit Chopin zu duellieren.

Am 18. Oktober fährt George Sand, begleitet von einem Dienstmädchen, mit den Kindern voraus, um sich am 31. Oktober in Perpignan mit Chopin zur Weiterreise nach Mallorca zu vereinigen. Er hat in der Zwischenzeit ein Darlehen aufgenommen, von seinem Freund, dem Klavierfabrikanten Camille Pleyel, einen Vorschuß auf die noch weitestgehend unvollendeten Pré-

> Der Sohn von George, **Maurice Baron Dudevant-Sand** (1823–1889), Schüler von Delacroix, arbeitet in späteren Jahren als Illustrator, Maler, Graveur und Insektenforscher. Von der Mallorcareise bringt er eine Anzahl Aquarelle und Zeichnungen mit nach Hause. Später illustriert er viele Romane seiner Mutter.

DIE NEUE FAMILIE (1838–1839)

79 Das Kloster Valldemosa. Aquarell von Maurice Sand, 1839

ludes erhalten und veranlaßt, daß man ihm ein Klavier nach Mallorca schickt. Chopin blickt der Liebe, der romantischen Umgebung, dem seiner Gesundheit förderlichen Klima entgegen. Doch er reist in den Winter seines Mißvergnügens.

Nach einem fünftägigen Zwischenaufenthalt in Barcelona besteigt er *en famille* am 7. November 1838 einen Raddampfer, der ihn über Nacht nach Palma bringt, doch die Quartiersuche auf der Insel gestaltet sich schwieriger als erwartet; alle in Frage

> In Palma muß man zwanzig einflußreichen Personen empfohlen und angekündigt worden sein und seit mehreren Monaten erwartet werden, um hoffen zu dürfen, nicht unter freiem Himmel schlafen zu müssen. Alles, was man für uns zu tun vermochte, war, uns zwei kleine Zimmer in einem üblen Viertel zu besorgen, wo die Fremden von Glück sagen können, wenn sie jeder ein Gurtbett mit einer Matratze, die so dick und weich wie eine Schiefertafel ist, einen Stuhl mit Strohgeflecht und als Nahrung Pfeffer und Knoblauch nach Belieben antreffen.
> *Auszug aus ›Ein Winter auf Mallorca‹ von George Sand*
> *(zit. nach der Übersetzung von Maria Dessauer, Frankfurt/M. 1999)*

kommenden Hotels sind ausgebucht. Nach mehreren Nächten in einem schmutzigen Gasthof und der Erfahrung, daß auch die Empfehlungsschreiben aus Paris ihnen nicht recht weiterhelfen, scheint endlich das geeignete Objekt gefunden: ein verlassenes Kartäuserkloster oberhalb von Palma, malerisch gelegen, aber ohne jeglichen Komfort. Weil erst Möbel hinaufgeschafft werden müssen, mietet man sich fürs erste in der kleinen Villa ›Son Vent‹ nahe der Stadt ein, umgeben von Olivenhainen und mit Blick aufs Meer: »Der Himmel ist wie Türkis, das Meer wie Azur, die Berge wie Smaragde, die Luft wie im Himmel«, schreibt Chopin an Julian Fontana. »Wohnen werde ich gewiß in dem wundervollen Kloster, es hat die schönste Lage auf der ganzen Welt. [...] Und was mein Leben betrifft, so lebe ich etwas mehr... Ich bin in der Nähe dessen, was am schönsten ist.« Mitte November wird Chopin bei einem Spaziergang vom Gewitter überrascht und erleidet eine schwere Bronchitis. Die Ärzte äußern den Verdacht auf Tuberkulose, die Nachbarn bekommen Wind davon und geraten in Panik. Der Vermieter verlangt, daß die Gäste ausziehen und das Haus desinfizieren lassen. Bis zum Umzug ins Kloster Valldemosa am 15. Dezember gewährt ihnen der französische Konsul Unterkunft.

Das Leben im Kloster ist voller Widrigkeiten, es mangelt am Notwendigsten, und da auf die Hausgehilfinnen kein Verlaß ist, kommen zu den Erziehungspflichten und der Sorge um Chopin für George Sand ungewohnte Aufgaben wie das Kochen

Doch nach so heiteren Nächten plötzlich begann die Sintflut [...] und der Regen drang in unsere undichten Zimmer.
    Daß die Mallorquiner so wenig Vorsichtsmaßnahmen gegen Sturm und Regen, diese Plagen, treffen, ist unbegreiflich. Ihre Selbsttäuschung, aber auch Prahlsucht in dieser Hinsicht sind so groß, daß sie diese gelegentlichen, jedoch ernsten Unfreundlichkeiten ihres Klimas einfach abstreiten. Bis zum Ende des zwei Monate anhaltenden sintflutartigen Regens, den wir ertragen mußten, beharrten sie uns gegenüber darauf, daß es auf Mallorca niemals regne [...]
    Da wir keine Butter hatten und das Fett, das ekelerregende Öl und die scharfen Würzen der einheimischen Küche nicht vertrugen, lebten wir von magerem Fleisch, Fisch und Gemüsen, was alles, statt mit einer Sauce, mit Bachwasser angemacht wurde, dem wir in einer gelegentlichen Anwandlung von Genußsucht den Saft einer in unserem Garten frisch gepflückten grünen Orange beimischten.
Auszüge aus ›Ein Winter auf Mallorca‹
von George Sand

Zwischen Felsen und Meer liegt das verlassene gewaltige Kartäuserkloster, in dem Du Dir mich in einer Zelle mit Tür, einem Tor, wie es nie in Paris eins gab, vorstellen kannst, unfrisiert, ohne weiße Handschuhe, blaß wie immer. Die Zelle hat die Form eines hohen Sarges, das Deckengewölbe ist gewaltig, verstaubt, das Fenster klein, vor dem Fenster Apfelsinen, Palmen, Zypressen [...] Mit einem Wort, ich schreibe Dir von einem seltsamen Ort. [...] Der Flügel wartet seit acht Tagen im Hafen darauf, was die ›Duana‹ sagen wird, die ja goldene Berge für diese Schweinerei verlangen wird. Die Natur ist hier wohltätig, aber die Menschen sind Diebe, denn sie sehen nie Fremde, wissen also nicht, was sie für etwas verlangen können. Die Apfelsinen gibt es umsonst, ein Hosenknopf kostet dagegen horrende Summen. Doch das ist alles ein grano Sand bei diesem Himmel, bei dieser Poesie, die hier alles atmet, bei dieser Farbe der wundervollsten Orte, die noch nicht von den Augen der Menschen abgenutzt wurde. Kaum einer hat bisher diese Adler aufgescheucht, die täglich über unseren Köpfen kreisen!

Chopin am 28. Dezember 1838, zwei Wochen nach seinem Umzug ins Kloster Valldemosa, in einem Brief an Julian Fontana

und Einkaufen hinzu, die ihr für ihre schriftstellerische Arbeit kaum noch Zeit lassen. Obwohl sie sich hingebungsvoll um ihn kümmert, bessert sich Chopins Gesundheitszustand kaum, und je länger er krank ist, desto mehr verdunkelt sich sein Gemüt. Trotzdem gelingt es ihm, nicht nur den Zyklus der 24 Préludes, mit denen er bei seinem Verleger in Verzug ist, sondern auch die zweite der Polonaisen op. 40 und die Robert Schumann gewidmete F-Dur-Ballade op. 38 zu beenden. Der Gedanke jedoch, auch noch das Frühjahr auf Mallorca zu verbringen, ist für ihn nach den Erfahrungen der fast zweimonatigen Klausur in Valldemosa ohne jeden Reiz. Er fiebert der Abreise entgegen und ist fest ent-

80 »Im Orangenhain überessen sich Maurice und Solange und werden davon krank«. Kolorierte Zeichnung von Maurice Sand, 1839

81 Chopin in Marseille, »nicht amüsiert«, gezeichnet von Maurice Sand, 1839

schlossen, das nächste Schiff zu nehmen. George Sand willigt ein, zumal auch sie die Atmosphäre auf der Insel als immer bedrückender empfindet. Die Einheimischen begegnen ihr feindlich, die Händler im Ort verlangen unverschämte Preise oder weigern sich, überhaupt etwas zu verkaufen, und ihre Kinder bewirft man beim Spazierengehen mit Steinen.

Am 13. Februar bringt sie ›El Mallorquin‹, derselbe Frachter, mit dem sie gekommen waren, aufs Festland zurück, diesmal jedoch in einer stickigen Kabine unter Deck, eingehüllt von Gestank, denn mit an Bord ist eine Ladung Schweine. Für Chopin wird die Überfahrt zu einer einzigen Tortur: »Als er in Barcelona ankam«, schreibt George, »spuckte er immer noch Waschschüsseln voll Blut und schlich herum wie ein Gespenst.«

> Unser Kranker schien außerstande, die Überfahrt zu ertragen, ebenso unfähig aber auch, eine Woche länger auf Mallorca durchstehen zu können. Die Lage war beängstigend; es gab Tage, an denen ich Hoffnung und Mut gänzlich verlor. Um uns zu trösten, hielt der Chor der Maria-Antonia und ihrer dörflichen Stammgäste in Hörweite von uns die erbaulichsten Vorträge über das künftige Leben: »Dieser Schwindsüchtige«, sagten sie, »wird zur Hölle fahren, weil er erstens schwindsüchtig ist und zweitens nicht zur Beichte geht«.
>
> *Aus ›Ein Winter auf Mallorca‹ von George Sand*

Chopin braucht eine Woche, um wieder auf die Beine zu kommen und die Reise fortzusetzen. Mit dem Schiff geht es nach Marseille, und kaum ist er in Frankreich, bessert sich sein Zustand von Tag zu Tag. Bis zum 22. Mai, also annähernd drei Monate, dauert der nur von einem zweiwöchigen Ausflug ins italienische Genua unterbrochene Aufenthalt, den das Paar als eine Zeit des unbeschwerten Glücks erlebt. Nahezu abgekapselt von der Außenwelt verwirklicht sich für beide das, was Mallorca ihnen vorenthielt: eine Lebensgemeinschaft in der Freude aneinander und am künstlerischen Schaffen. An Albert Grzymała, den älteren Freund und Vertrauten beider Seiten, der bei der Anbahnung ihrer Beziehung den *postillon d'amour* spielte, schreibt Chopin am 12. März: »Meine Engel beenden den neuen Roman: ›Gabriel‹. Den ganzen Tag schreibt sie heute im Bett. Weißt Du, Du würdest sie noch mehr lieben, wenn Du sie so kennen würdest, wie ich sie heute kenne.« Er selbst arbeitet an seinem cis-Moll-Scherzo op. 39 und nähert sich gedanklich bereits dem ehrgeizigsten Vorhaben dieses Jahres: der b-Moll-Sonate op. 35.

> Unter den Präludien ist eines, das er während einer düsteren Regennacht ersann und das die Seele erschreckend bestürzt. Maurice und ich hatten ihn, da er sich leidlich wohl befand, an diesem Tag verlassen, um in Palma einige zu unserer Einrichtung nötige Dinge zu kaufen. Es hatte heftig geregnet, die Bäche waren aus ihren Betten getreten. Nachdem wir in sechs Stunden drei Meilen zurückgelegt hatten, waren wir mitten in die Überschwemmung geraten. Der Kutscher hatte uns im Stich gelassen, und schließlich kamen wir nach unglaublichen Beschwerden, ohne Schuhe, spät nachts in Valldemosa an. Wir hatten uns sehr beeilt, da wir an die Unruhe unseres Patienten dachten. – Diese war tatsächlich sehr groß gewesen; aber sie war dann gewissermaßen erstarrt und in eine Art ruhige Verzweiflung übergegangen. Er spielte weinend sein wunderbares Präludium. Als er uns eintreten sah, fuhr er mit einem lauten Schrei in die Höhe; dann sagte er mit verwirrter Miene und fremder Stimme: »Ach, ich wußte es wohl, daß ihr tot wäret!«
> Nachdem er wieder das Bewußtsein erlangt hatte und den Zustand bemerkte, in dem wir uns befanden, wurde ihm beim Rückblick auf die von uns überstandenen Gefahren ganz übel. Später gestand er mir, daß er, während er auf uns wartete, dies alles in einer Art Traum gesehen hatte, und da er nicht mehr fähig gewesen wäre, Traum und Wirklichkeit zu unterscheiden, hätte er sich durch Klavierspiel beruhigt und gleichsam eingeschläfert, überzeugt, er selbst sei auch tot. Er sah sich ertrunken in einem See; schwere, eiskalte Wassertropfen fielen in einem gleichmäßigen Rhythmus auf seine Brust. [...] Das Präludium, das er an jenem

82 Nohant, Xylographie, 1870. Chopins Zimmer ist im ersten Stock das dritte von links.

Statt nach Paris zurückzukehren, beschließt Chopin, den Sommer mit George und ihren Kindern in Nohant zu verbringen, und bittet Julian Fontana, der während seiner Abwesenheit alle geschäftlichen Dinge für ihn regelt, seine Wohnung aufzulösen. Erst zur Wintersaison will er sich wieder in Paris niederlassen. In Arles nimmt Sands Sekretär den vierköpfigen Familientroß – das Dienstmädchen ist seit Marseille entlassen – in Empfang. Für den Rest des Weges steht eine bequeme Kutsche bereit, und in mehreren kleinen Etappen nähert man sich dem 250 km südlich von Paris in der idyllischen Landschaft des Berry gelegenen Ziel.

Abend komponierte, war wohl voll der Regentropfen, die auf den klingenden Ziegeln der Kartause widerhallten; in seiner Phantasie und in seinem Gesang hatten sich diese Tropfen aber in Tränen verwandelt, die vom Himmel in sein Herz fielen.
Die Geschichte des ›Regentropfen-Préludes‹, geschildert von George Sand (›Histoire de ma vie‹, zit. n. Reich). – Welches der 24 Stücke gemeint ist, weiß niemand; am häufigsten genannt wird dasjenige in Des-Dur (Nr. 15).

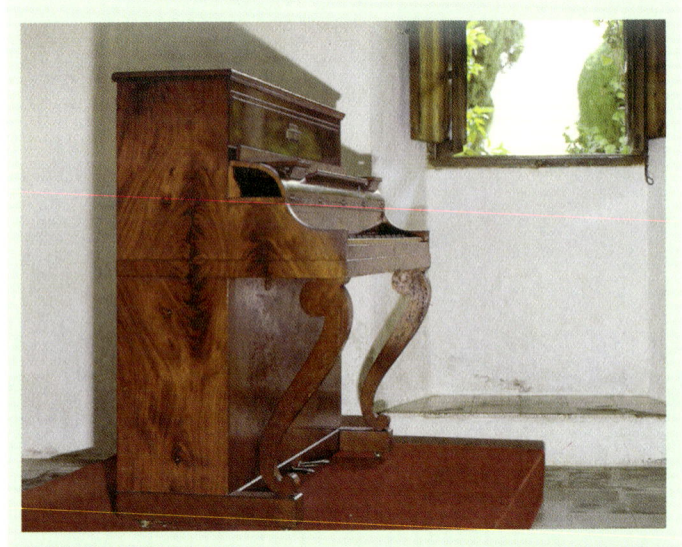

83 Das unter großen Kosten nach Valldemosa geschaffte Pleyel-Klavier ist dort heute noch zu besichtigen.

Werke des letzten Jahrzehnts
Auf seine Reise nach Mallorca begleitet Chopin eine Notenausgabe des ›Wohltemperierten Klaviers‹ von Bach. Das Erlebnis dieser Musik, das sich schon in den Etüden widerspiegelt, findet seinen konkretesten Niederschlag in den 24 Préludes op. 28, die wie bei Bach durch sämtliche Tonarten führen, mit dem Unterschied nur, daß ihre Anordnung dem Quintenzirkel folgt und jedes Dur-Stück mit einem in der parallelen Molltonart zusammensteht.

Dem Präludium als ›Vor‹spiel haftet seit je ein improvisatorischer Charakter an, um so deutlicher bei Bach, als er seinen Präludien jeweils eine Fuge, also ein Stück im strengen, ›gelehrten‹ Stil gegenüberstellt. Bei Chopin verbindet sich das Improvisatorische mit dem Ehrgeiz, die Spannungsverläufe und Symmetrien großer Formen wie der Sonate auf engstem Raum zu konzentrieren, ohne diese Formen miniaturhaft nachzugestalten. Er komponiert vielmehr mit der Substanz – wie jemand, der in einer Sonate auf Exposition und Reprise verzichtet, um sich allein der Durchführung zu widmen. Diese Verlagerung der äußeren in die innere Struktur weist voraus auf Kompositionsverfahren des 20. Jahrhunderts und verleiht den Préludes, ungeachtet ihrer Kürze, die sie oft nur als Momentaufnahmen eines Gefühlszustandes erscheinen läßt, eine ungeheure Komplexität. Im Zusammenwirken seiner Teile, im spannungsvollen Kontrast bewegter und fast statischer Momente formt sich der Zyklus zu einem organischen Ganzen aus, obwohl

PRÉLUDES

84 Manuskriptseite des dritten (Schluß) und des vierten Préludes

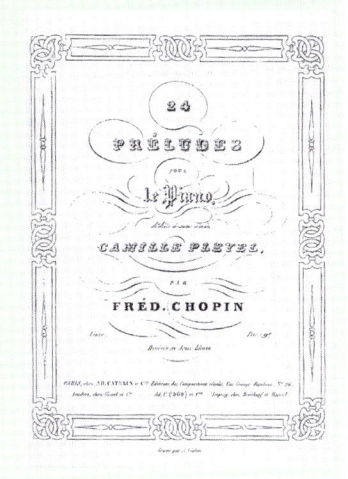

85 Titelblatt der französischen
Erstausgabe der Préludes (1839)

86 Chopin, gezeichnet von George Sand, um 1841

jedes Prélude vollkommen eigenständig bleibt und Chopin eine Gesamtaufführung auch gar nicht intendiert.

Der Idee eines großen, in sich geschlossenen Klavierwerks kommen die Préludes wahrscheinlich näher als die b-Moll-Sonate op. 35, von der Schumann sagt, hier habe Chopin »vier seiner tollsten Kinder« zu einer ›Sonate‹ zusammengekoppelt, um sie »vielleicht an Orte einzuschwärzen, wohin sie sonst nicht gedrungen wären.«. Tatsächlich ist der dritte Satz, ein Trauermarsch, dem sie den Namen ›Sonata funèbre‹ verdankt, bereits zwei Jahre vor den übrigen Sätzen entstanden, was allein natürlich keine Erklärung für die oft bemängelte formale Unausgewogenheit des Werkes ist. Er steht allerdings in krassem Gegensatz zum Finale, einem vorüberjagenden Presto, das auch gegenüber dem ersten Satz mit seiner gravitätischen Einleitung und den weit ausgeführten dramatischen Verwicklungen seltsam unproportioniert erscheint. Daß zwischen den Ecksätzen gewisse motivische Verwandtschaften bestehen, hebt dieses Mißverhältnis nicht auf. Aber die Sonate läßt sich auch ganz anders beschreiben, man muß sich dazu nur von den durch klassische Vorbilder geprägten Hörgewohnheiten verabschieden. Vor dem Hintergrund von Chopins eigenem Schaffen erscheint sie als authentischer Ausdruck einer nach maximaler Entfaltung drängenden Emotionalität, die keine Synthese anstrebt, sondern den dramaturgischen Bruch zum Gestaltungsprinzip erhebt, besonders deutlich in den nocturneartigen, dem Grundcharakter diametral entgegengesetzten Mittelteilen des zweiten Satzes (Scherzo) und des Trauermarsches.

Mehr dem Gedanken der Abrundung und planvollen Entwicklung neigt die fünf Jahre später entstandene h-Moll-Sonate zu, in der Chopin, wie Jim Samson es formuliert, die Gattung »mit ihren eigenen Waffen« angeht und tatsächlich eine klassische Proportion des Ganzen und seiner Teile wahrt, indem er auf die Ein- beziehungsweise Angliederung disparater Formkomplexe weitgehend verzichtet. In der Cello-Sonate in g-Moll op. 65, seinem letzten großen Werk, greift er sogar zum Mittel der zyklischen Verklammerung aller Sätze durch ein gemeinsames ›Ur-Motiv‹.

Es liegt nahe, Chopins späte Sonaten als Bekenntnis zur klassischen Tradition und damit als Abkehr von seinem bisherigen Schaffen zu bewerten. Doch die schon in den Scherzi und Balladen weitgehend vollzogene Integration klassischer Gestaltungsmittel ist nur ein Weg, die erprobten Formen tiefer auszuschöpfen. Der Effekt ist der, daß von der Auseinandersetzung mit den großen Formen auch die kleinen profitieren – und umgekehrt. Diese Entwicklung mündet in die beiden Fantasien in f-Moll op. 49 und As-Dur op. 61 (›Polonaise-Fantaisie‹), großangelegte ›stilisierte Improvisationen‹, in denen sich die Bauprinzipien des Sonatensatzes und der Tänze mit der offenen Dramaturgie der Etüden und Préludes verbinden.

87 Skizzenblatt zum ersten Satz der Sonate für Klavier und Violoncello in g-Moll op. 65

88 Erste Seite der deutschen Erstausgabe von Chopins h-Moll-Sonate (1845)

Die Sommer von Nohant

Bei seiner Ankunft am 1. Juni 1839 erwartet Chopin ein neues Pleyel-Klavier: die Morgengabe seiner Geliebten anläßlich seines Einzugs in ihrem Haus. Chopin revanchiert sich, indem er unermüdlich komponiert. Innerhalb der nächsten vier Monate entstehen die b-Moll-Sonate op. 35, das cis-Moll-Scherzo op. 39, die Nocturne in G-Dur aus op. 37 und die drei letzten der vier Mazurken op. 41. Und auch in Nohant nimmt er immer wieder Bachs ›Wohltemperiertes Klavier‹ zur Hand, um daraus zu spielen und akribisch alle Fehler zu vermerken, die er in der französischen Notenausgabe findet. Es ist ein mußevolles Dasein in dieser herrschaftlichen Umgebung, die ihm wahrscheinlich größere Annehmlichkeit bietet, als er sie je gekannt hat. Sein Arbeitszimmer liegt im ersten Stock, nur durch eine Bibliothek von den Privaträumen George Sands getrennt. Das anfangs recht problematische Verhältnis zu den Kindern, der zehnjährigen Solange und dem fünf Jahre älteren Maurice, die ihn nicht ohne weiteres als Ersatzvater akzeptieren, entspannt sich zusehends. Was ihm ein wenig abgeht in Nohant, ist der gesellige Verkehr, obwohl manchmal auch Freunde aus Paris vorbeischauen. Aber die Abgeschiedenheit hat auch den Vorteil, daß

89 Maurice Sand und, hinter der Zeitung, Frédéric Chopin, gezeichnet von der Sängerin Pauline Viardot (1821–1910), die häufig in Nohant zu Gast ist. Chopins Verhältnis zu Maurice Sand ist nicht frei von Spannungen; besser kommt er mit dessen jüngerer Schwester Solange zurecht.

90 Louis Philippe, der ›Bürgerkönig‹. Unsignierte Zeichnung von 1840

niemand hier über sein Verhältnis mit George Sand die Nase rümpft. Ihr wäre es wohl gleichgültig, er jedoch ist auf größtmögliche Diskretion bedacht. Außerhalb des engeren Bekanntenkreises weiß bisher niemand von der Liaison. In Nohant ist er nur zu Gast. Offen als unverheiratetes Paar zusammenzuleben wie Franz Liszt und Marie d'Agoult, deren Beziehung allerdings die ersten Risse zeigt, widerstrebt ihm. Darum kommt eine gemeinsame Wohnung auch nicht in Betracht, als George Sand sich entschließt, den Winter ebenfalls in Paris zu verbringen: Im Oktober bezieht Chopin sein neues Quartier in der Rue Tronchet 5, das Fontana für ihn ausgesucht und nach seinen Wünschen eingerichtet hat, während sich George Sand, in schicklicher Entfernung, mit den Kindern in der Rue Pigalle einmietet.

Noch im gleichen Monat konzertiert Chopin zum zweitenmal vor der königlichen Familie, gemeinsam mit dem von ihm verehrten Ignaz Moscheles, dessen Etüden op. 70 ein wichtiges Vorbild für seine eigenen Etüden waren. Gesehen und gehört

---

Louis Philippe (1773–1850), König der Franzosen von 1830 bis 1848. Gestützt auf das liberale Großbürgertum vertritt er die Politik des ›juste-milieu‹, also der ›richtigen Mitte‹ – eine Mitte freilich mit stark konservativem Einschlag. 1848 geht er ins Exil nach England.

hat er ihn schon einmal in London, doch erst in diesem Herbst lernt er ihn näher kennen. Moscheles erlebt Chopin am Klavier und legt alle seine Vorbehalte ab: »Er spielte mir auf mein Bitten vor, und erst jetzt verstehe ich seine Musik, erkläre mir auch die Schwärmerei der Damenwelt. Sein Ad-libitum-Spielen, das bei den Interpreten seiner Musik in Taktlosigkeit ausartet, ist bei ihm nur die liebenswürdigste Originalität des Vortrages. Die dilettantisch harten Modulationen, über die ich nicht hinwegkomme, wenn ich seine Sachen spiele, choquiren mich nicht mehr, weil er mit seinen zarten Fingern elfenartig darüber hinweggleitet.« Auf Bestellung des älteren Kollegen, der gemeinsam mit Fétis eine Klavierschule für Fortgeschrittene herausgibt, die auch Stücke von Liszt und Mendelssohn enthalten soll, schreibt Chopin die ›Trois Nouvelles Études‹ (K. 905–917).

Ende März 1840, wenige Wochen nach seinem dreißigsten Geburtstag, treten erneut beunruhigende Krankheitssymptome auf, die von den Ärzten verschieden gedeutet werden, nur nicht als das, was sie sind: Zeichen der todbringenden Tuberkulose. Einzig sein Freund Jan Matuszyński stellt die richtige Diagnose, doch er ist machtlos – und stirbt, zwei Jahre später, selbst an ebendieser Krankheit.

Chopin verharmlost seinen Zustand, auch George Sand glaubt, daß ihn nur eine Art Rheuma plagt. Der Krank-

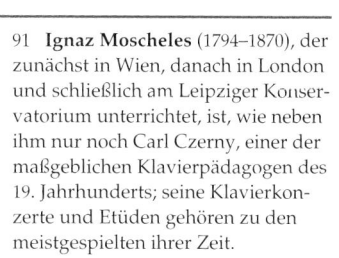

91 **Ignaz Moscheles** (1794–1870), der zunächst in Wien, danach in London und schließlich am Leipziger Konservatorium unterrichtet, ist, wie neben ihm nur noch Carl Czerny, einer der maßgeblichen Klavierpädagogen des 19. Jahrhunderts; seine Klavierkonzerte und Etüden gehören zu den meistgespielten ihrer Zeit.

heitsverlauf scheint beiden recht zu geben, denn Chopin erholt sich und geht auch wieder regelmäßig seinem Hauptbroterwerb, dem Stundengeben, nach. Das Unterrichten – immerhin ein Pensum von fünf- bis sechshundert Stunden jährlich – hält ihn nachmittags in seiner Wohnung fest, sein Privatleben allerdings konzentriert sich mehr und mehr auf die Rue Pigalle.

Die musikalische Ausbeute dieses Jahres, das er auch den Sommer über in Paris verbringt, ist eher gering. Erst im Juni 1841 kehrt er mit George Sand nach Nohant zurück und widmet sich wieder verstärkt dem Komponieren. Zum Ausklang der Wintersaison jedoch beugt er sich den Wünschen seiner Freunde und Verehrer und gibt ein großes öffentliches Konzert in der 1839 neuerbauten Salle Pleyel. Mit jeder Stunde, die der Termin näherrückt, steigert sich sein Lampenfieber. George Sand nimmt es eher amüsiert zur Kenntnis: »Kaum hatte er das fatale ›Ja‹ ausgesprochen, lief alles wie durch Berührung mit dem Zauberstab: Drei Viertel der Karten waren schon verkauft, bevor das Konzert überhaupt angekündigt war. Da erwachte er wie aus dem Schlaf, und es gibt kaum etwas Lustigeres als den furchtsamen und unentschlossenen Chip Chip, der seine Entscheidung nicht mehr widerrufen kann.«

92 Selbstkarikatur von Pauline Viardot, entstanden im Sommer 1844 oder 1845 in Nohant. Chopin: »Das ist das Spiel von Liszt. Es ist nicht zur Begleitung einer Stimme geeignet.« Chopin ist ein großer Verehrer der Sängerin: »Ich bedauere, nicht fliegen zu können, um das Wunder der Wunder zu hören«, schreibt er 1840 im Nachsatz zu einem Brief an George, die ihre Freundin auf eine Konzertreise nach Cambrai begleitet.

93 Die Salons Pleyel. Stich nach einer Zeichnung von Ed. Renard, 1850

Das Konzert am 26. April wird zu einem gesellschaftlichen Ereignis ersten Ranges und für den Konzertgeber zum wohl größten Triumph seiner Karriere. Franz Liszt, der sich seinem Freund zu Ehren als Kritiker für die ›Gazette Musicale‹ betätigt, schildert in einer hymnischen Rezension die äußeren Umstände des denkwürdigen Abends: »Vergangenen Montag um acht Uhr abends waren die Salons des Herrn Pleyel festlich erleuchtet; unaufhörlich rollten Equipagen heran, um am Fuße der mit Teppichen und duftenden Blumen bedeckten Treppe die schönsten Frauen, die elegantesten jungen Männer, die reichsten Finanziers, die vornehmsten Adligen abzusetzen, kurzum, eine Elite der Gesellschaft, den ganzen Adel an Geburt, Vermögen, Talent und Schönheit.«

Nach einem geruhsam, aber keineswegs unproduktiv verbrachten Sommer in Nohant, wo unter anderem die f-Moll-Fan-

---

Im Saal der Salons Pleyel feiert Chopin seine größten Konzerterfolge in Paris. Im Sommer 1842 stellt ihm sein Freund Pleyel für die Dauer seines Aufenthaltes in Nohant einen Flügel zur Verfügung: »Chérissime«, schreibt er nach Paris, »ich habe soeben Ihr Klavier erhalten und ich danke Ihnen dafür herzlich. Das Instrument kam gestimmt an, und mit den richtigen Oktaven. Ich spiele noch nicht viel darauf, denn das Wetter ist so schön, daß ich fast immer draußen bin.«

tasie op. 49 und das auf älteren Skizzen zu einem dritten Klavierkonzert basierende ›Allegro de concert‹ in A-Dur op. 46 entstehen, gilt es, im Winter erneut zwei öffentliche Auftritte zu bestehen: den ersten im Dezember vor dem König in den Tuilerien, den zweiten im Februar in der Salle Pleyel, der ihm auch diesmal ein ausverkauftes Haus, eine glänzende Presse und eine Einnahme von 5000 Francs beschert – annähernd die Hälfte dessen, was er in einem Jahr mit Klavierstunden verdient. Getrübt wird der Erfolg durch die Nachricht vom Tod seines alten Lehrers Żywny. Zwei Monate später stirbt Matuszyński »nach langem und grausamem Todeskampf in unseren Armen«, wie George Sand der befreundeten Sängerin Pauline Viardot berichtet. »Der arme Chopin empfand dieses Sterben fast wie sein eigenes. Er war stark, tapfer und ergeben, mehr als man es bei einem so zerbrechlichen Wesen erwartet hätte. Aber anschließend hatte er einen Zusammenbruch.«

Der Tod des Freundes verleiht der gesundheitlichen Krise, die er selbst in diesem Frühjahr durchmacht, zusätzlichen Schrecken. Doch wieder läßt er sich von einem Arzt beruhigen, der den Tuberkulose-Verdacht nicht bestätigen kann oder will. Der anschließende Sommeraufenthalt in Nohant, die Fürsorge George Sands und ein mehrwöchiger Besuch des ihm überaus sympathischen Delacroix tragen dazu bei, die Angst um seine Gesundheit zu vertreiben, der Lebensmut kehrt zurück, und wie um den Geist von Nohant in den Winter hinüberzuretten, beschließt Chopin, den Pro-forma-Abstand von der mütterlichen

> Meine zärtliche Aufmerksamkeit konnte das Wunder, ihn ein wenig ruhig und glücklich zu machen, nicht vollbringen, denn Gott hatte ihm nur eine so schwache Gesundheit gegeben. Er wurde sichtlich elender, und ich wußte keine Mittel mehr, um die wachsende Überreizung seiner Nerven zu bekämpfen. Der Tod seines Freundes, des Arztes Jan Matuszyński, und kurz nachher der seines eigenen Vaters hatten für ihn furchtbare Schläge bedeutet. [...] Der Gedanke an seinen eigenen Tod war für ihn mit all den abergläubischen Vorstellungen der slawischen Sagenwelt verbunden. Als Pole lebte er unter dem Albdruck jener Legenden. Die Gespenster riefen ihn, umschlangen ihn, und anstatt seinen Vater und seinen Freund ihm aus dem Strahlenglanz des Glaubens zulächeln zu sehen, schrak er vor ihren vom Fleisch entblößten Gesichtern zurück und wehrte sich gegen den Würgegriff ihrer eisigen Hände.
> *Chopin und der Tod aus der Sicht George Sands*
> (›Histoire de ma vie‹, 1855, zit. n. Reich)

> Das Haus ist sehr angenehm, und die Gastgeber könnten nicht liebenswürdiger sein, um mir zu gefallen. Wenn man gemeinsam ißt, Billard spielt oder spazierengeht, hält man sich auf seinem Zimmer auf, um zu lesen oder sich auf dem Kanapee auszustrecken. Gelegentlich dringt durch das offene Fenster zum Garten hin Chopins Musik, der in seinem Zimmer arbeitet; sie mischt sich mit dem Gesang der Nachtigallen und dem Duft der Rosen […] ein bißchen Malerei, Billard und Spaziergänge – das ist mehr als genug, um die Tage auszufüllen. Es gibt nicht einmal Zerstreuung durch Nachbarn oder Freunde, hier bleibt jeder für sich und kümmert sich um seine Ochsen und sein Land. Man wird schnell zum Fossil hier. Ich führe endlose Gespräche mit Chopin, den ich sehr gern habe und der ein sehr ungewöhnlicher Mensch ist; er ist der wahrste Künstler, den ich je getroffen habe.
>
> *Eugène Delacroix über seinen Besuch in Nohant 1842*
> *(zit. n. Zieliński)*

Geliebten, die ihn sogar auf polnisch anschwärmt und sich als »Twoja żona« (Deine Ehefrau) bezeichnet, endgültig aufzugeben. Nachdem er schon den letzten Winter in der Rue Pigalle verbracht hat, suchen nun beide gemeinsam ein neues, größeres Domizil. Gefunden wird es am Square d'Orléans, wo sich neben Musikerkollegen wie Kalkbrenner und Alkan auch der Dichter Alexandre Dumas (d. Ä.) niedergelassen hat – eine Künstlerkolonie mitten in Paris. Die räumliche Trennung bleibt zwar bestehen, doch von seiner Wohnung im Haus Nr. 9 in ihre (Nr. 5) sind es nur ein paar Schritte.

Im Frühjahr 1843 überbringt Franz Liszt, der eine Konzertreise nach Polen unternimmt, den Eltern in Warschau die Grüße ihres Sohnes. Liszt lädt sie zu einem seiner Konzerte ein und erweist ihnen und der ganzen Stadt die Ehre, einige Werke Chopins in sein Programm aufzunehmen. Das Publikum dankt es ihm, wie die Zeitung schreibt, mit Tränen und »einem Schrei der Bewunderung«. Auf der Reise trifft er auch mit Ludwig Rellstab zusammen, der ihn bittet, sich bei Chopin als Fürspre-

> Ich muß den ganzen Tag liegen, so sehr tun mir das Maul und die Drüsen weh.
>
> *Chopin im April 1842 an seinen Freund Grzymała*

cher einzusetzen und ihn seiner höchsten Wertschätzung zu versichern – ein bemerkenswerter Sinneswandel, der sich bereits 1839 in einer ersten wohlwollenden Rezension in Rellstabs ›Iris‹ angedeutet hat.

Schon im Mai ist Chopin wieder in Nohant und erlebt, wie wohl zuletzt in seiner Kindheit, die Freuden der Natur. Weil er gern spazierengeht, aber lange Märsche nicht durchhält, läßt er sich von einer Eselin durch die Landschaft tragen. George Sand begleitet ihn zu Fuß: »Ich kehre soeben von einer kurzen Reise an die Creuze zurück, es ging durch recht flaches, aber sehr malerisches Gebirge, das schwerer zu passieren ist als die Alpen, weil es dort weder Wege noch Gasthäuser gibt. Chopin kletterte mit seinem Esel überallhin, schlief auf Stroh und fühlte sich nie besser als bei diesen Gefahren und Strapazen.«

Seit die mit zärtlicher Hingabe übernommene Fürsorge zu einer Alltagspflicht geworden ist, die sie bis an die Grenze ihrer Opferbereitschaft beansprucht, wird im Ton ihrer Berichte über seinen Leidenszustand eine gewisse Distanz spürbar, die eher das Empfinden einer resoluten Krankenschwester als das einer Liebenden verrät.

94 Chopins Wohnung am Square d'Orléans, um 1935; rechts von der Einfahrt, im Hochparterre, die Fenster der von ihm bewohnten Räume

95 Palais und Jardin du Luxembourg. Lithographie von Deroy, um 1850

Als sie sich 1843 erstmals für kurze Zeit trennen, weil sie noch einen Monat in Nohant bleiben will, während er schon nach Paris zurückkehrt, schreibt sie an Grzymała: »Wenn es ihm nicht viel ausmacht, einige Wochen ohne mich zu verbringen, gibt es keinen Grund, warum ich mich allzusehr beunruhigen sollte. Allerdings verlasse ich mich darauf, daß Du mir genau und wahrheitsgemäß Bericht erstattest, ebenso wenn es darum geht, ihn zu zerstreuen. Aber ich werde ganz sicher Ende November bei Euch sein, und ich komme von einem Tag auf den anderen, wenn mein Kleiner vorher erkranken sollte.« Tatsächlich hat er einen Rückfall, kommt aber auch ohne ihre Hilfe darüber hinweg, so daß sie ihr Versprechen nicht einzulösen braucht. »Ich weiß, daß er ohne mich leidet und daß er sich freuen würde,

In der von Delacroix ausgemalten Bibliothekskuppel des Palais du Luxembourg findet sich ein Dante-Portrait, dem der Maler die Gesichtszüge Chopins verliehen hat.

96 Chopin im Alter von 37 Jahren. Gemälde von Ary Scheffer

mich zu sehen«, schreibt sie am 18. November, »aber ich weiß auch, daß er, feinfühlig, wie er ist, auch traurig und beinahe gedemütigt wäre, wenn er sieht, daß ich wichtige Dinge liegenlasse, um seine Krankenpflegerin zu sein, das arme Kind, obwohl ich von Herzen gern seine Krankenpflegerin bin.«

Das zu beweisen, hat sie im Winter noch oft Gelegenheit, denn die Attacken häufen sich, was ihn jedoch nicht davon abhält, Gäste zu sich einzuladen und sogar eine neue Schülerin

> Ich sage ihr immer, daß sie einen Stern hat, der sie leitet; damit tröste ich sie oft, wenn ihr schwarze Gedanken kommen. Und in der Tat. Der Ärger mit ihrem Mann hat sich zum Guten gewendet. Die Kinder, die sie über alles liebt, hatte sie stets bei sich – sie hat sie gesund und glücklich erzogen. Sie selbst bleibt bei ihrer gewaltigen Arbeit gesund – nicht einmal ihre Augen haben gelitten, obwohl sie so viele Bände (über 90) geschrieben hat. [...] Manchmal nur spricht sie nicht die Wahrheit, aber das darf ein Romancier ja.
>
> *Chopin über George Sand in einem Brief an seine Mutter (8./9. Juni 1847)*

anzunehmen, Jane Wilhelmina Stirling, die schon etwas altjüngferliche Tochter eines schottischen Bankiers.

Gesundheitlich noch stark geschwächt, trifft ihn im Frühjahr der nächste Schicksalsschlag. Ende Mai, nach einem Theaterbesuch, erhält er die Nachricht vom Tod seines Vaters, der schon am Monatsdritten, dem Jahrestag der polnischen Verfassung, gestorben ist. Chopin reagiert mit einem Fieberanfall und läßt in seiner Verzweiflung niemanden zu sich, auch George vermag ihn nicht zu trösten.

Einige Tage später schickt er einen Brief an seine Familie, und auch George Sand sendet ein Beileidsschreiben. Davon, daß sie mit Chopin zusammenlebt, weiß man in Warschau nur gerüchteweise, und so stellt sie sich der Mutter gegenüber als eine ältere Freundin des Sohnes dar und rückt dabei die Besorgnis

97 Chopins Salon am Square d'Orléans. Anonymes Aquarell. Hier lebt Chopin von 1842 bis 1849.

um seinen Gesundheitszustand in den Vordergrund, »indem ich Ihnen versichere, daß ich meine Tage Ihrem Sohn widme und ihn wie meinen eigenen behandele, weiß ich, daß ich Sie wenigstens von dieser Seite her etwas beruhigen kann. Aus diesem Grunde habe ich mir die Freiheit genommen, Ihnen zu schreiben und Ihnen meine Ergebenheit zu versichern, der verehrten Mutter meines liebsten Freundes.«

Es ist ein sehr aufrichtiger Brief, insofern er eine Wahrheit ausspricht, die Chopin und Madame Sand voreinander noch verbergen – aus ihrer Liebesbeziehung ist ein Mutter-Sohn-Verhältnis geworden, und in einem Familienkonflikt wird es zerbrechen.

Winter des Lebens

Das bewegendste Ereignis des Sommers 1844 ist ein Wiedersehen mit der Schwester Ludwika, die ihn zusammen mit ihrem Mann in Paris besucht und anschließend auf Einladung George Sands auch einige Wochen in Nohant verbringt. Es ist ein Sommer wehmütiger Erinnerungen, aber auch des tiefempfundenen Glücks, mit seiner Familie, der Sprache, mit Polen verbunden zu sein – Gefühle, die ihm abhanden gekommen sind, sosehr er sich ihrer auch immer wieder in seinem großen polnischen Bekanntenkreis zu vergewissern sucht.

Seit einiger Zeit hat er einen polnischen Diener, der jedoch im Hause Sand nicht sehr gelitten ist. Für Chopin verkörpert er ein Stück Heimat, ebenso wie seine immer zahlreicher werdenden polnischen Schüler. Seine liebste und begabteste Elevin wird die hochwohlgeborene Marcelina Czartoryska, deren

98 Frédéric Chopin, kurz vor seinem Tod. Daguerreotypie von L. A. Bisson. Neben diesem existiert nur noch ein weiteres Chopin-Portrait aus der Frühzeit der Photographie.

Das letzte Bild
Über dem breiten Antlitz mit seinen stark abgesetzten Flächen liegt ein gedankenvoller Ernst. Es ruft auch nicht mehr den der Mehrzahl seiner Bilder eignenden Gedanken an eine ferne Schwermut wach, viel eher den an bittere Verschlossenheit, ja unwillkürliche Weigerung, sich solcherart von einem Darstellungsmittel festhalten zu lassen, das seiner Geistes- und Gefühlswelt völlig fremd war.
Unverkennbar spricht äußerste Müdigkeit aus den verkrampften Zügen. Eine Müdigkeit, die ebensogut Zeichen unwillkürlicher innerer Abwehr sein könnte. Der harte Blick ist beinahe böse, die Lippen reizbar krausgezogen, alles zeugt von Verkapselung und Zwang.
Alfred Cortot über die Daguerreotypie
aus Chopins letztem Lebensjahr,
aus ›Aspects de Chopin‹, 1949

Klavierspiel, wenn man dem Urteil der Zeitgenossen glauben darf, seinem eigenen am nächsten kommt. Durch Ludwika gelangt sie nach seinem Tod in den Besitz eines Manuskripts, das mehr als dreißig Jahre später unter dem Titel ›Aufzeichnung über den Plan eines Leitfadens‹ veröffentlicht wird. Franz Liszt hat dieses Manuskript, wahrscheinlich ohne es zu kennen, in seiner Chopin-Biographie erwähnt als eine »Anleitung […], in welcher er seine Ansichten zu Theorie und Praxis seiner Kunst zusammenzufassen und die Ergebnisse seiner langen Arbeit, seiner glücklichen Neuerungen und kenntnisreichen Erfahrungen darzulegen gedachte.« Ein pädagogisches Vermächtnis also, oder gar eine Chopinsche Musik-Ästhetik? Die Druckfassung rechtfertigt diese Einschätzung nicht, das Original freilich noch weniger. Alfred Cortot hat es 1936 in London erwerben können und seine Enttäuschung nicht verhehlt: »Es handelt sich dabei um weiter nichts als um ein

99 **Marcelina Czartoryska** (1817–1894). Stahlstich von Auguste Sandoz, 1850. Schon von Carl Czerny in Wien ausgebildet, wird sie 1844 Chopins Schülerin und bald auch eine seiner besten Freundinnen. Als Angehörige des Hochadels ist sie keine berufsmäßige Pianistin, doch tritt sie häufig in Wohltätigkeitskonzerten auf.

100 Autograph mit technischen Übungen, vermutlich für die Tochter seiner Schwester Ludwika. Oben der Hinweis: »Die Ellbogen in gleicher Höhe mit den weißen Tasten. Die Hand weder nach der rechten noch nach der linken Seite.«

Dutzend in höchst anfechtbarem Französisch abgefaßter Blätter«, geschrieben in der Absicht, »sich durch eine allfällige Veröffentlichung dieser geschäftlich verwertbaren Arbeit gewisse materielle Vorteile zu verschaffen, wie sie seine Zeitgenossen Moscheles, Herz und Kalkbrenner recht gewinnbringend erzielten«.

Die Dürftigkeit des überlieferten Fragments legt den Schluß nahe, daß Chopin sich seines Scheiterns frühzeitig bewußt wird und nur vergißt, das Manuskript in den Papierkorb zu werfen, so wie er es auch mit anderen tut, die seiner Selbstkritik nicht

Chopins bedeutendste Klavierschüler
Adolf Gutmann (1819–1882), langjähriger Freund und Widmungsträger des cis-Moll-Scherzos op. 39
Karol Mikuli (1819–1897), Herausgeber der Gesammelten Werke von Chopin

Georges Mathias (1826–1910), späterer Professor am Pariser Conservatoire
Karl Filtsch (1830–1845), das frühverstorbene Wunderkind, von dem Liszt sagte: »Wenn der Kleine anfängt, in der Welt herumzureisen, werde ich wohl meinen Laden zumachen müssen.«

standhalten. Nach der Devise »Die Zeit ist die beste Zensur, und die Geduld der vortrefflichste Lehrmeister« unterzieht er jedes Detail einer strengen Korrektur, wie die zahllosen Berichtigungen und Durchstreichungen in seinen Autographen zeigen. Doch ganz so selbstquälerisch, wie George Sand ihn in dichterischer Übertreibung schildert, muß man sich den Arbeitsprozeß wohl nicht vorstellen: »Tagelang schloß er sich ein, ging im Zimmer auf und nieder, weinte, zerstampfte seine Federn, wiederholte einen Takt wohl hundertmal, schrieb ihn nieder und strich ihn wieder aus, um am folgenden Tage mit gleicher Beharrlichkeit sein peinliches, verzweiflungsvolles Werk fortzusetzen. So brachte er oft sechs Wochen an einer Seite zu, um sie endlich wieder so zu schreiben, wie sie im ersten Entwurf gewesen war.«

Es stimmt, verglichen mit George Sand, die wie am Fließband produziert – die Zahl ihrer Schriften und Romane geht in die Hunderte, und Briefe fließen ihr zu Tausenden aus der Feder –, arbeitet Chopin im Schneckentempo. Doch auch 1844 vollendet er mit der h-Moll-Sonate op. 58 ein bedeutendes Werk, ja ein Stück Weltliteratur, in erstaunlich kurzer Zeit. Daneben kompo-

---

1. Ein Ton an sich schafft nicht Musik, wie ein Wort keine Sprache schafft.
2. Damit Musik sei, sind mehrere Stimmen erforderlich.
3. Sobald zwei Töne da sind, ist der eine höher, der andere tiefer.
4. Um Mucik (sic!) zu schreiben, bedient man sich verständigerweise nach ihrer Höhe gestaffelter Linien.
5. Das Verhältnis zweier Töne zueinander gibt den höheren und den tieferen an. Man kann sich hohe wie tiefe Töne ins Unendliche verlängert denken.
6. In diesem riesigen Bereich der Töne finden sich solche, deren Schwingungen für uns nicht mehr wahrnehmbar sind.
7. Greift man in der Mitte dieses Bereiches einen der Töne heraus, die von (aller) Welt, Frauen wie Männern, Kindern wie Greisen leicht gesungen werden können. Der, welcher ut, do, c oder do heißt (der sich auf der Klaviatur auf einer weißen Taste fast in der Mitte der Klaviatur vor zwei schwarzen befindet).
8. Wenn wir von dieser Note auf der Klaviatur nach rechts ausgehen, finden wir immer höhere Töne und wenn wir von derselben Note nach links ausgehen, immer tiefere Töne.
9. Um diese Töne zu schreiben, werden alle Linien über derjenigen, auf die wir unser ut gesetzt haben, für die hohen Töne, die unterhalb für die tiefen Notten (sic!) sein.

Auszug aus Chopins ›Leitfaden‹ (zit. n. Cortot)

niert er die Berceuse op. 57, eine Variationenfolge, die die glitzernde Ornamentik des Style brillant und – in der nahezu unverändert durchgehaltenen Begleitung der linken Hand – die Ostinato-Technik des Barocks zu einem alles andere als einlullenden ›Wiegenlied‹ von schwebender Grazie vereint. Auch die ein Jahr später der Vorfreude auf einen dann doch nicht realisierten Italien-Urlaub entsprungene Barcarolle op. 60 ist über weite Strecken eine Ostinato-Variation: altmeisterliche Technik im Dienst italienischer Kantabilität, beides Merkmale, die ebenso wie der überbordende Verzierungsreichtum der Berceuse nicht aufgepfropft erscheinen, sondern vielmehr als integrale Elemente eines weder an den Zeitgeschmack noch an die Tradition gebundenen Spätstils.

Ende November 1844 bezieht Chopin wieder sein Pariser Winterquartier, auch diesmal etwas früher als George Sand. Gesundheitlich geht es ihm genauso schlecht wie im Jahr zuvor, erst im Frühjahr zeichnet sich eine Besserung ab. Die Wetterabhängigkeit seines Leidens ist offenkundig, darum spricht George Sand davon, den nächsten Winter in wärmeren Gefilden zu verbringen: »Wenn man ihn ab dem kommenden Sommer ein ganzes Jahr hindurch vor Kälte schützen könnte, dann hätte er achtzehn Monate lang Ruhe, um seinen Husten auszukurieren.« Doch dazu kommt es nicht, der Husten bleibt, und mitverantwortlich dafür ist eine zunehmende emotionale Kälte, die sich zwischen beiden schon während des Sommers in Nohant einstellt.

Das erste Symptom ist die unfreiwillige Trennung von seinem Diener Jan, der zum Spottobjekt degradiert wird, ohne daß Chopin ihn davor schützen kann: »Ich hätte ihn nie entlassen«, schreibt er im Dezember an seine Familie, »aber er reizte bereits

> Mir ist hier dieses Jahr sonderbar zumute; oft schaue ich frühmorgens ins Zimmer nebenan, aber es ist niemand darin [gemeint ist Ludwika]. – Manchmal bewohnt irgendein Bekannter, der für ein paar Tage kommt, diesen Raum. – Deshalb trinke ich am Morgen auch keine Schokolade – und das Klavier habe ich anders gestellt – an die Wand, dort wo das kleine Sofa mit dem Tischchen gestanden hatte, an dem Ludwika oft meine Pantoffeln zu besticken pflegte und die Herrin des Hauses an etwas anderem arbeitete.
>
> *Chopin im Sommer 1845 aus Nohant,*
> *wo ihn Ludwika im Jahr zuvor*
> *besucht hat, an seine Familie*

101 George Sand. Bleistiftzeichnung von Thomas Couture, um 1845

die Geduld der anderen – die Kinder machten sich über ihn lustig.« An den Kindern entzündet sich weiterer Streit, so auch im folgenden Sommer, seinem letzten in Nohant: Chopin erhält Besuch von einer Freundin der Familie in Warschau, einer Gräfin, die der Hausherrin nicht sonderlich sympathisch ist. Maurice, ihr inzwischen erwachsener Sohn, der sich selbst immer mehr als Herr im Haus geriert, macht sich über die Besucherin lustig und verhindert, daß Chopin weitere polnische Bekannte in Nohant empfängt.

Der Rest ist schnell erzählt, wenn man sich auf die äußeren Fakten beschränkt und nicht versucht, allzutief ins Seelenleben

> Ein merkwürdiges Geschöpf bei all ihrem Verstand! Irgendein Wahn muß sie befallen haben; sie stiftet Unruhe in ihrem eigenen Leben, stiftet Unheil im Leben ihrer Tochter. Mit dem Sohn wird es auch kein gutes Ende nehmen, das prophezeie und unterschreibe ich. Zur eigenen Entschuldigung möchte sie an jenen etwas aussetzen, die ihr wohlwollen, die ihr geglaubt haben, die ihr nie eine Gemeinheit zugefügt haben und die sie nicht um sich haben mag, weil sie der Spiegel ihres Gewissens sind. Daher hat sie mir auch kein Wort mehr geschrieben, daher wird sie diesen Winter nicht nach Paris kommen, daher hat sie der Tochter auch kein Wort über mich gesagt. Ich bedaure es nicht, daß ich ihr half, die acht schwierigsten Jahre ihres Lebens zu ertragen, damals, als die Tochter heranwuchs und der Sohn bei der Mutter erzogen wurde; ich bedaure

der beiden Hauptakteure vorzudringen: George Sand, ihrer Rolle der mütterlichen Geliebten schon lange überdrüssig, ist durch ihre Mutterpflichten den eigenen Kindern gegenüber stark in Anspruch genommen, denn beide stehen im Begriff zu heiraten. Chopin glaubt, bei der Auswahl der Heiratskandidaten ein Wort mitreden zu dürfen, was George Sand als Anmaßung empfindet. Als sie die Angelegenheiten, ohne auf seine Einwände Rücksicht zu nehmen, ganz in ihrem Sinne geregelt hat, kommt es zwischen den Kindern selbst zur Auseinandersetzung. Maurice und Auguste Clésinger, der frisch angetraute Ehemann Solanges, geraten so heftig aneinander, daß George Sand, die für Maurice Partei ergreift, den Schwiegersohn mitsamt der schwangeren Tochter vor die Tür setzt. Chopin, der gar nicht zugegen ist, weil er den Winter allein in Paris verbringt, kennt den Hergang der Ereignisse nur aus der Sicht Solanges, stellt sich aber auf deren Seite – und schlägt damit auch hinter sich die Tür von Nohant endgültig zu. George Sand und er tauschen nur noch einige Briefe aus. Als sie sich im Jahr darauf noch einmal zufällig begegnen, erfährt sie durch ihn, daß sie inzwischen Großmutter geworden ist.

Was George Sand in dieser ebenso banalen wie operntauglichen Tragödie in ein schlechtes Licht rückt, ist die Tatsache, daß sie die Geschichte ihrer erkaltenden Liebe kommerzialisiert, indem sie schon 1846 ein Buch vorstellt, ›Lucrezia Floriani‹, das von der literarischen Öffentlichkeit als Schlüsselroman ihrer Beziehung zu Chopin begierig aufgenommen wird, auch wenn sie selbst jede Ähnlichkeit mit lebenden Personen leugnet. Die Parallelen freilich sind so überdeutlich, daß Delacroix, der bei einer privaten Lesung anwesend ist, peinlich berührt feststellt: »Der

> nichts von dem, was ich ausstehen mußte, aber ich bedauere, daß sie die Tochter, diese gut gepflegte, vor so vielen Stürmen bewahrte Pflanze in der Mutterhand gebrochen hat durch Unvernunft und Leichtfertigkeit, die einer zwanzigjährigen Frau vielleicht verziehen werden können, nicht aber einer Vierzigjährigen. Doch was gewesen und nicht mehr ist, wird ausgelöscht. Frau S. kann, wenn sie einmal zurückblicken wird, von mir nur ein gutes Andenken in ihrer Seele bewahrt haben. Einstweilen befindet sie sich in dem sonderbarsten Paroxysmus einer Mutter, die die Rolle einer besseren Mutter spielt, als sie in Wirklichkeit ist.
>
> *Chopin über George Sand*
> *in einem Brief an Ludwika*
> *(Weihnachten 1847)*

102 Chopin um 1848.
Ölgemälde von Antoni
Kolberg

Henker und das Opfer setzten mich in gleicher Weise in Erstaunen. Frau Sand schien vollkommen ungezwungen, und Chopin bewunderte unaufhörlich die Erzählung.« Franz Liszt, selbst das ›Opfer‹ eines Schlüsselromans von Marie d'Agoult, beschreibt es so: »George fängt ihren Schmetterling, zähmt ihn, indem sie ihn mit Blumen und Honig füttert. Das ist die Zeit der Liebe. Wenn er sich zu wehren beginnt, durchbohrt sie ihn mit ihrer Nadel. […] Dann seziert sie ihn, konserviert ihn und tut ihn in ihre Sammlung von Romanhelden.«

Auch Marie d'Agoult betätigt sich als Romanschriftstellerin (Pseudonym: Daniel Stern). 1846, im gleichen Jahr, in dem George Sands ›Lucrezia Floriani‹ erscheint, veröffentlicht sie den Roman ›Nélida‹, in dem sie mit Franz Liszt ›abrechnet‹.

Die mütterliche Geliebte und der eifersuchtskranke Fürst:
Auszüge aus George Sands Roman ›Lucrezia Floriani‹ (1846)

Karols Krankheitsbild war erschreckend und schien prompte aktive Hilfe zu verlangen. Aber die Floriani hatte dieses Phänomen einer nervösen Erkrankung schon gesehen, und es reichte ihr, die feinen Hände des Fürsten, seine weiße durchsichtige Haut und seine dünnen feinen Haare zu sehen, um zwischen der Krankheit der Madame und seiner einen Vergleich zu ziehen, in dem das Herz einer Frau nicht irrt.

Sie versuchte, ihn zu beruhigen, ohne ihn zu schwächen, und überzeugt davon, daß auf so außergewöhnliche Naturen magnetische Einflüsse wirkten, die sich dem oberflächlichen Blick entziehen, rief sie die Kinder an das Bett des Fürsten. Sie dachte, daß die Gegenwart dieser starken, jungen und gesunden Wesen eine sowohl moralische als auch physische Kräftigung bewirken müsse.

Von peinlichen Träumen geschüttelt, wachte Karol manchmal unter Schrecken und Verzweiflung auf. Und instinktiv suchte er dann einen Ort, wohin er vor den verfolgenden Gespenstern fliehen konnte. Dann fand er die mütterlichen Arme der Floriani, die ihn wie ein Wall umgaben, und ihren Busen, um seinen geschlagenen Kopf daran auszuruhen. Und wenn er dann die Augen aufmachte, sah er die schönen gescheiten Köpfe Stellas und Celios, die lächelten. Mechanisch, wie aus Gefälligkeit, lächelte er ihnen auch zu, aber sein Traum war verscheucht und sein Schrecken vergessen. Sein armes Hirn trat in andere Vorstellungen ein.

Wenn irgendeiner [...] Ihnen jemals sagen wird, daß Ich Ihnen nicht Respekt, Bewunderung und Verehrung entgegenbringe, die gleiche Verehrung wie für das Andenken meiner Mutter, der wird ein ganz feiger Lügner sein, mein Feind wird er sein, ich bringe ihn um, wenn ich ihn treffe ... Ich, der ich sanft, schwach und zurückhaltend bin, ich werde wütend, gewalttätig und unberechenbar, um ihn zu strafen. Ich weiß, daß ich das Aussehen eines Kindes und die Züge einer Frau habe, die anderen wissen nicht, wozu ich fähig bin ... sie können es nicht wissen, ich rede nie über mich! ... Ich tue nichts, um Aufsehen zu machen, und ich tue nichts, um mich beliebt zu machen. Ich bin es nicht, und ich werde es nie sein. Ich verlange nicht einmal, daß man mich für besonders liebesfähig hält ... interessiert mich das? Aber Sie, aber Sie! ... Sie sollten wenigstens wissen, daß dieser Todgeweihte Ihnen gehört, wie der Sklave seinem Herrn, wie das Blut dem Herzen, wie der Körper der Seele gehört. Aber was ich nicht ertragen kann, ist, daß Sie es nicht glauben und daß Sie sagen, ich könnte nur ein mir ähnliches Wesen lieben. Bin ich denn kein Mensch? Ich weiß sehr gut, daß Sie eine Frau sind, daß Sie geliebt haben, daß Sie immer noch lieben können ... jeden anderen, nur mich nicht? Und wenn schon! Ich akzeptiere alles, und ich brauche die Geheimnisse Ihres Lebens nicht zu verstehen, um Sie anbeten zu können. [...] Auf dem Sterbebett werde ich Sie noch segnen und erklären, daß Sie alles tun dürfen, was den anderen verboten ist. Ich bin so unglücklich auf der Welt, und die Liebe, die ich Ihnen entgegenbringe, zerfrißt mir die Eingeweide, so daß ich in diesem Moment das Bedürfnis habe zu sterben.

103 »Sturm auf das Chateau d'Eau«. Gemälde von Eugène Hagenauer, 1848

Mit der Trennung von George Sand geht ein Riß durch sein Leben, der nicht mehr verheilt. Chopin stemmt sich dem seelischen und körperlichen Verfall entgegen, doch die Kräfte schwinden dahin. Die Unterrichtstätigkeit schränkt er immer weiter ein, sein kompositorisches Schaffen kommt nach der unter Mühen beendeten Cellosonate für den Freund Franchomme fast zum Erliegen. Nur noch in den beiden Walzern in Des-Dur und cis-Moll op. 64 Nr. 1 und 2, der klagenden ›Melodie‹ op. 74 Nr. 9 – dem letzten seiner wenigen Lieder – und in der kurz vor seinem Tod entstandenen f-Moll-Mazurka op. 68 Nr. 4 flackert der schöpferische Impuls noch einmal auf. Schon 1846 bekennt er in einem Brief an Franchomme: »Mein Guter, ich tue mein

---

Während der Ereignisse lag ich zu Bett. – Die ganze vergangene Woche litt ich unter einer Neuralgie. – Paris ist ruhig vor Angst. Alle sind geeinigt. Alle stehen auf der Seite der Nationalgarde. Die Läden haben geöffnet, doch kein einziger Käufer. – Die Ausländer mit ihren Pässen warten die Wiederherstellung der zerstörten Eisenbahnlinie ab. – Klubs beginnen sich zu bilden. Aber ich fände kein Ende, wollte ich Ihnen schildern, was hier geschieht.

Chopin über den Ausbruch der Revolution im Jahr 1848

104 Jane Wilhelmina Stirling
(1804–1859). Lithographie nach
Eichens, um 1842

Möglichstes, um zu arbeiten, aber ich komme nicht von der Stelle; und wenn dieser Zustand anhält, so werden meine ferneren Produktionen nicht mehr an den Gesang der Grasmücken noch auch an zerbrochenes Porzellan erinnern. Ich muß mich darein ergeben.«

Finanzielle Sorgen, nicht zuletzt infolge der beträchtlichen Arztkosten, zwingen ihn wieder aufs Podium. Schon das Gerücht, er werde nach sechsjähriger Pause noch einmal konzertieren, versetzt *tout Paris* in Aufregung. Die Nachfrage übersteigt das auf 300 Stück begrenzte Kartenkontingent bei weitem, so daß für den 10. März ein zweites Konzert angesetzt wird, das jedoch in den Wirren der Revolution nach der Erstürmung des Palais Royal und der Abdankung Louis Philippes nicht mehr zustande kommt.

So bleibt der Auftritt am 16. Februar in der Salle Pleyel sein letzter in Paris, ein Ereignis, an dem nur wenige Auserwählte teilhaben, wie der Kritiker der ›Gazette Musicale‹ berichtet: »Ein

---

Jane Stirling und ihre verheiratete Schwester **Catherine Erskine** umhegen Chopin in England mit einer Hingabe, die er zwar spöttisch kommentiert, sich aber gern gefallen läßt: »Die braven Erskine haben an alles gedacht, sogar an die Schokolade. […] Du glaubst gar nicht, wie gut sie sind; erst jetzt sehe ich, daß dieses Papier, auf dem ich schreibe, mit meiner Ziffer versehen ist, und ich habe eine Menge solcher kleinen zärtlichen Gefälligkeiten vorgefunden.«

*Aus einem Brief an Grzymala vom
21. April 1848*

Konzert des Ariel unter den Pianisten ist etwas zu Seltenes, als daß man, wie bei anderen Konzerten, die Türen für all diejenigen weit geöffnet hätte, die dabeisein wollten […] man brauchte Beziehungen, um in das Allerheiligste zu kommen, um die Gunst zu erlangen, seinen Obolus zu entrichten, und immerhin betrug dieser Obolus einen Louisdor; wer aber hätte nicht einen Louisdor zuviel in seiner Börse, wenn es darum geht, Chopin zu hören?«

Chopin betrachtet die Revolution mit Skepsis, doch er hofft, daß von Frankreich das Signal für eine politische Neuordnung in Europa ausgehen wird; es »riecht nach Krieg«, schreibt er an Fontana, der seit einiger Zeit in New York lebt, »das wird ohne schreckliche Dinge nicht abgehen, aber am Ende von alledem steht ein herrliches, großes Polen – mit einem Wort – Polen.« Wegen der Unruhen in Paris, vielleicht auch nur, um den Erinnerungen an Nohant zu entfliehen, denn der Sommer steht bevor, gibt er den Lockungen seiner Schülerin Jane Stirling nach, die ihn seit langem in ihre Heimat entführen möchte. Chopin erwidert ihre Liebe nicht, läßt sich aber gern von ihr bemuttern. In London, wo er am 20. April 1848 eintrifft, hat sie bereits alles arrangiert, um ihm den Aufenthalt so angenehm wie möglich zu machen, auch die Zeitungen sind informiert und heißen den prominenten Gast willkommen.

Der fürsorglichen Belagerung durch Miss Stirling und ihre Schwester entzieht er sich, so gut er kann, indem er auch in London schnell Kontakte zu polnischen Emigranten knüpft und vorzugsweise in deren Kreisen verkehrt, ohne sich jedoch der

> Es gibt in London viele, die mich dort für den Winter zurückhalten möchten, trotz des Klimas. – Ich möchte etwas anderes – weiß aber selbst nicht was. Im Oktober will ich's mir überlegen, meiner Gesundheit und meiner Börse entsprechend […] Wäre dieses London nicht so schwarz – und wären die Menschen hier nicht so schwerfällig – und gäbe es keinen Kohlendunst und keinen Nebel, dann hätte ich auch schon Englisch gelernt. Aber diese Engländer sind so verschieden von den Franzosen, an denen ich wie an Landsleuten hänge. Sie messen alles nur am Pfund, lieben die Kunst, weil es ein *luxe* ist – rechtschaffene Herzen, aber solche Originale! – Ich begreife wohl, wie man hier selbst steif werden oder sich in eine Maschine verwandeln kann. – Wäre ich jünger, so würde ich mich vielleicht als Maschine versuchen, würde in allen Ecken Konzerte geben und die geschmacklosesten Aventüren spielen (wenn es nur Geld einbringt!).
> *Chopin an seine Familie in einem Brief aus Schottland (19. August 1848)*

Inanspruchnahme durch die Öffentlichkeit zu verweigern. Elf Jahre zuvor war er in der Stadt förmlich untergetaucht, jetzt konzertiert er hier und da, wenn auch nur in privatem Rahmen – was nicht den Verzicht auf ein Honorar bedeutet. Lediglich der Philharmonischen Gesellschaft, die ihn einlädt, als Solist eines seiner Klavierkonzerte aufzutreten, erteilt er eine Absage, aus Furcht, mit seinem Klavierspiel nicht gegen die Philharmoniker bestehen zu können: »Das Orchester ist wie ihr Roastbeef oder die Schildkrötensuppe, stark, dickflüssig, aber nur das.«

Außerhalb Londons nimmt er mehrere Konzertangebote wahr, so in Manchester, wo er vor 1500 Zuhörern spielt, in Glasgow oder Edinburgh. Die treibende Kraft hinter all diesen Engagements ist Jane Stirling, die den Ehrgeiz hat, ihn im ganzen Land – und besonders auf den Schlössern ihrer weitläufigen schottischen Familie – bekannt zu machen. Man reicht ihn, nein, man trägt ihn herum, denn oft ist er zu schwach, auch nur eine Treppe zu ersteigen. Bald sieht er sich genötigt, den auch in Paris schon kursierenden Gerüchten über seine bevorstehende Vermählung mit Miss Stirling entgegenzutreten. An Grzymała schreibt er: »Freundschaft ja, habe ich ausdrücklich gesagt, aber ich gebe nicht das Recht zu etwas anderem […] Ich denke also überhaupt nicht an eine Frau, sondern ans Zuhause, an meine Mutter, an die Schwestern. Gott gebe, daß sie guten Sinnes bleiben! Aber wo ist mei-

105 **George Alexander Osborne** (1806–1893). Lithographie von Achille Deveria, um 1840. Mit den Worten: »Bewahren Sie sich, der Sie mich so oft in Paris gehört haben, diese Erinnerungen«, bittet Chopin den irischen Pianisten, seinem Auftritt am 28. August 1848 in Manchester fernzubleiben. Osborne folgt dieser Bitte nicht und berichtet: »Es war das letztemal, daß ich ihn hörte, und ich muß sagen, sein Gefühl hatte ihn nicht betrogen: sein Spiel war allzu zart, um Begeisterung auszulösen, und er tat mir von Herzen leid.« (zit. n. Burger)

ne Kunst? Und mein Herz, wo habe ich es vergeudet? Ich erinnere mich kaum noch, wie in der Heimat gesungen wird. Diese Welt vergeht irgendwie so schnell, ich vergesse mich, habe keine Kraft; wenn ich mich ein wenig aufrichte, dann falle ich um so tiefer […] aber Du wolltest es ja wissen, also erläutere ich Dir, daß ich dem Sarg näher bin als dem ehelichen Lager.« – Todkrank, seiner Heimat entrissen, doubelt er sich selbst und absolviert am Gängelband der beiden Schottinnen einen Auftritt nach dem anderen. Im November ist er so schwach, daß ihm die Ärzte dringend raten, England zu verlassen.

Zurück in Paris, schleppt er sich durch den Winter, gibt Klavierstunden, doch was er damit verdient, reicht kaum zum Leben. Die Stirlings sind als Engel in der Not zur Stelle und hinterlegen anonym ein dickes Bündel Geldscheine, allerdings so verpackt, daß es von einem gewöhnlichen Päckchen nicht zu unterscheiden ist. Die Concierge nimmt es entgegen und vergißt, es auszuhändigen. Als das Geld – eine Summe von 25 000 Francs – drei Monate später wiederaufgefunden wird, wohnt Chopin schon nicht mehr am Square d'Orléans, sondern in einem Sommerquartier am Stadtrand von Paris. Freunde haben es ihm besorgt. Ludwika, die er aus Warschau herbeigerufen hat, kümmert sich um den Haushalt.

Chopin weiß, daß sein Leben zu Ende geht, und alle, die ihn besuchen, wissen es auch: Franchomme und Pleyel, die Czartoryskis, die beiden Schottinnen, Gutmann, Grzymała, Solange und Clésinger – ein Salon, der gegen den Tod konspiriert. Der letzte Versuch, ihn zu überlisten, ist der Umzug in eine neue, schöne, teure Wohnung an der Place Vendôme. Chopin freut

> Wenn Ihr könnt, dann kommt. Ich bin schwach, und kein Doktor vermag mir so zu helfen wie Ihr. […] Meine Freunde und Personen, die mir wohlwollen, halten Ludwikas Ankunft für die beste Arznei für mich […] Bemüht Euch also um einen Paß […] Bringt also, Mutter Ludwika und Tochter Ludwika, Fingerhut und Stricknadeln mit, ich werde Euch Taschentücher zum Besticken und Strümpfe zum Stricken geben – und Ihr werdet hier in der frischen Luft ein paar Monate mit dem alten Bruder und Onkel verbringen. – Jetzt ist auch das Reisen leichter. Viel Gepäck braucht man nicht. – Hier werden wir uns so billig wie möglich einrichten. Wohnung und Essen findet Ihr vor. […] Ich weiß selbst nicht, warum ich so nach Ludwika verlange, es ist einfach so, als wäre ich guter Hoffnung.
> *Der Brief aus seinem Sommerquartier in Chaillot,*
> *in dem er Ludwika um ihr Kommen bittet (25./26. Juni 1849)*

106 Die Place Vendôme in Paris. Farbige Lithographie von Deroy, um 1850

sich darauf. Ende September wird er umquartiert, alles ist nach seinen Wünschen eingerichtet, doch er wird das Haus nicht mehr verlassen. Delfina Potocka, die aus Nizza zu ihm eilt, singt an seinem Bett, Franchomme und Marcelina Czartoryska spielen ihm die Cellosonate vor, immer wieder unterbrochen von seinen Hustenanfällen. Die Wohnung füllt sich mit Besuchern. Ein polnischer Priester, ein Portraitist, die Freunde. Am 17. Oktober 1849 um zwei Uhr nachts sind sie mit sich allein. Chopin ist tot.

> Ich fühle mich eher schlechter denn besser. M. Cruveilhier, Louis und Blache [Chopins Ärzte] haben in einer Beratung beschlossen, daß ich jetzt keine Reise unternehmen darf, sondern vielmehr eine Wohnung mit Zimmer nach Süden nehmen und in Paris bleiben sollte.
> Nach längerem Suchen hat man eine sehr teure Wohnung gefunden, die alle gewünschten Bedingungen vereint – Place Vendôme Nr. 12. [...] Endlich werde ich Euch alle wiedersehen, im kommenden Winter – und in guter Unterkunft. Meine Schwester bleibt bei mir, es sei denn, daß man sie zu Hause dringend brauchen sollte.
> Ich liebe Dich, und das ist alles, was ich Dir sagen kann, denn ich falle um vor Schläfrigkeit und Schwäche.
> *Der letzte erhaltene Brief: Chopin an seinen Freund Franchomme am 17. September 1849, einen Monat vor seinem Tod*

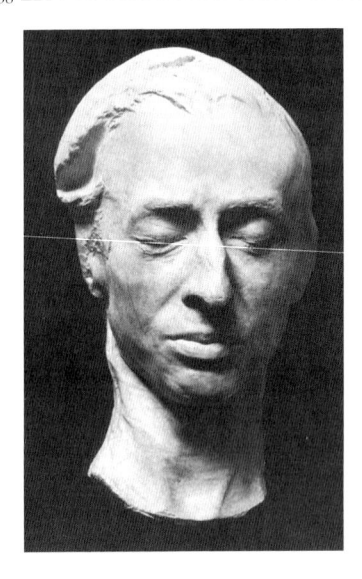

107–109 Chopins Totenmaske und Abguß seiner linken Hand (unten), angefertigt von dem Bildhauer Jean Baptiste Auguste Clésinger (1814–1883), der auch das Grabmal auf dem Pariser Friedhof Père-Lachaise gestaltet (s. gegenüberliegende Seite).

*

Clésinger nimmt ihm die Totenmaske ab und fertigt einen Abguß seiner linken Hand. Der Leichnam wird, seinem letzten Willen gemäß, geöffnet und das Herz entnommen. Beim Trauergottesdienst am 30. Oktober in der Kirche La Madeleine erklingen die Préludes in e-Moll und h-Moll, der Trauermarsch und – Chopin hat es sich so gewünscht – das Requiem von Mozart. Sein Sarg wird auf dem Friedhof Père-Lachaise beigesetzt. Die Urne mit seinem Herzen, von Ludwika nach Polen überführt, wird in Warschau, wie eine Reliquie, in einer Säule der Heilig-Kreuz-Kirche verwahrt.

Welch ein Verlust! Wie viele elende Lumpen wimmeln auf den Straßen – und diese schöne Seele muß verlöschen!
Tagebucheintrag von Delacroix am 20. Oktober 1849

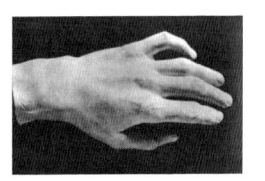

DER LEIB IN PARIS, DAS HERZ IN WARSCHAU

Zeittafel

1810 Frédéric Francis Chopin als zweites Kind der Eheleute Nicolas und Tekla Justyna Chopin am 1. März (22. Februar?) in Żelazowa Wola geboren, getauft als Fryderyk Franciszek Chopin am 23. April.
September: Umzug der Familie nach Warschau. Die Geschwister: Ludwika (1807–1855), Izabela (1811–1881) und Emilia (1812–1827).

1813 Einmarsch russischer Truppen in Warschau.

1815 Wiener Kongreß: Vereinigung des neugegründeten polnischen Königreichs mit Rußland unter Zar Alexander I. (»Kongreß-Polen«).

1816 Adalbert (Wojciech) Żywny wird Chopins Klavierlehrer.

1817 Erste Kompositionen: Polonaisen in g-Moll und B-Dur. Umzug der Familie ins Kasimir-Palais.

1818 Erstes Konzert in Warschau am 24. Februar.

1822 Beginn des Unterrichts bei Joseph Elsner und Wacław Würfel.

1823 Konzert im Haus der Warschauer Wohltätigkeitsgesellschaft am 24. Februar.
Eintritt in die vierte Klasse des Warschauer Lyzeums.

1824 Sommeraufenthalt in Szafarnia.

1825 Druck des Rondos in c-Moll als Opus 1 in Warschau. Konzert vor dem Zaren auf dem »Äolomelodikon«. Erste Erwähnung Chopins in der Leipziger ›Allgemeinen Musikalischen Zeitung‹. Zweiter Sommeraufenthalt in Szafarnia.

1826 Erste Opernbesuche in Warschau (u. a. Webers ›Freischütz‹).
August/September: Kuraufenthalt in Bad Reinerz.
Oktober: Aufnahme des Studiums am Warschauer Konservatorium.

1827 10. April: Tod der Schwester Emilia. Schließung des Pensionats Chopin und Umzug der Familie. Ferienaufenthalte auf dem Land und Besuche in Danzig und auf Schloß Antonin. c-Moll-Sonate op. 4 (Joseph Elsner gewidmet).

1828 September: Berlin-Reise mit anschließendem Besuch bei Fürst Radziwill in Posen.

1829 Krönung Nikolaus' I. zum König von Polen. Konzerte Niccolò Paganinis in Warschau. Abschluß des Musikstudiums. Chopin verliebt sich in Konstancja Gładkowska. Erste Reise nach Wien, dort Konzertdebüt am 11. August im Kärntnertortheater.
September/Oktober: Reise nach Posen und erneuter Besuch auf Schloß Antonin.

1830 Klavierkonzerte in f-Moll op. 21 (Uraufführung am 7. Februar) und e-Moll op. 11

(Uraufführung am 22. September). Juli-Revolution in Frankreich. Abschiedskonzert in Warschau am 11. Oktober. Zweiter Wien-Aufenthalt (November 1830 bis Juli 1831). 29. November: Beginn des Warschauer Aufstandes.

1831 Chopin wohnt am Kohlmarkt Nr. 9 in Wien. Auftritt am 11. Juni im Kärntnertortheater. Auftritt in München am 28. August. Endgültige Niederschlagung des Warschauer Aufstandes.
September: nach einem Zwischenaufenthalt in Stuttgart Ankunft in Paris, Wohnung am Boulevard Poissonnière 27. Begegnung mit Friedrich Kalkbrenner. Robert Schumann rezensiert die Mozart-Variationen op. 2.

1832 Chopin schließt Freundschaft mit Auguste Franchomme, Ferdinand Hiller, Franz Liszt und Felix Mendelssohn Bartholdy. Umzug in die Cité Bergère 4. Erstes Pariser Konzert am 26. Februar in den Salons Pleyel. Auftritt bei einem Wohltätigkeitskonzert am 20. Mai im Pariser Konservatorium. Beginn der Zusammenarbeit mit dem Musikverlag Schlesinger.

1833 Umzug in die Rue de la Chaussée d'Antin 5. Die Etüden op. 10 und das e-Moll-Klavierkonzert erscheinen im Druck.

1834 Veröffentlichung eines gefälschten Chopin-Briefes durch Ludwig Rellstab. Jan Matuszyński wird Chopins Mitbewohner.
Mai: Reise mit Hiller zum Niederrheinischen Musikfest nach Aachen, wo sie mit Mendelssohn zusammentreffen.

1835 Juli/August: Wiedersehen mit den Eltern in Karlsbad. September: Besuch der Familie Wodziński in Dresden, Chopin verliebt sich in Maria Wodzińska. Begegnung mit Schumann und Mendelssohn in Leipzig. Auf der Rückreise in Heidelberg erste Symptome einer schweren Lungenkrankheit.

1836 Juli/August: Wiedersehen mit Maria Wodzińska in Marienbad, anschließend heimliche Verlobung in Dresden. Umzug in die Rue de la Chaussée d'Antin Nr. 38. Erstes Zusammentreffen mit George Sand.

1837 Juli: London-Aufenthalt in Begleitung von Camille Pleyel, wo Chopin erfährt, daß die Wodzińskis keine Zustimmung zur Heirat mit Maria geben.

1838 Konzert vor der königlichen Familie in den Tuilerien am 16. Februar. Konzert in Rouen am 12. März.
April: Wiederbegegnung mit George Sand in Paris. Reise mit George Sand und ihren beiden Kindern nach Mallorca (November 1838 bis Februar 1839).

1839 Schwere gesundheitliche Krise. Rückreise nach Frankreich und mehrmonatiger Aufenthalt in Marseille. Juni bis Oktober: erster Sommeraufenthalt in Nohant. Umzug in die Rue Tronchet 5. Begegnung mit Ignaz Moscheles, gemeinsames Konzert mit ihm am 29. Oktober in der königlichen Residenz St. Cloud. Die in Mallorca fertiggestellten Préludes op. 28 erscheinen im Druck.

1840 George Sands Wohnung in der Rue Pigalle Nr. 16 wird

Chopins zweites Zuhause in Paris.
1841 Juni bis Oktober: Zweiter Sommeraufenthalt in Nohant. November: Chopin richtet sich im zweiten der beiden von George Sand gemieteten Gartenpavillons in der Rue Pigalle ein. Konzert vor der königlichen Familie in den Tuilerien am 2. Dezember.
1842 Konzert am 21. Februar in der Salle Pleyel. Schwere gesundheitliche Krise.
20. April: Jan Matuszyński stirbt an Tuberkulose.
Mai bis September: Erholung in Nohant, Besuch von Eugène Delacroix. Gemeinsamer Umzug mit George Sand an den Square d'Orléans, er wohnt in Nr. 9, sie gegenüber in Nr. 5.
1843 Mai bis Oktober: Aufenthalt in Nohant. Alleinige Rückkehr nach Paris, ernste Erkrankung, mehrere Rückfälle während des gesamten Winters.
1844 Tod des Vaters am 3. Mai. Juni bis November: Nohant. Wiedersehen mit der Schwester Ludwika. h-Moll-Sonate op. 58. Andauernde gesundheitliche Probleme.
1845 Juni bis November: Nohant, familiäre Spannungen. Entlassung des Dieners Jan.
1846 Mai bis November: Chopin zum letztenmal in Nohant. George Sand veröffentlicht ihren Roman ›Lucrezia Floriani‹. Chopin kehrt allein nach Paris zurück.
1847 Februar bis April: George Sand mit ihrer Familie in Paris. Mai: Hochzeit ihrer Tochter, Chopin schwer erkrankt. Juni/Juli: Familiäre Auseinandersetzungen in Nohant (in Abwesenheit Chopins); der Hinauswurf von Tochter und Schwiegersohn führt zum endgültigen Bruch mit Chopin.
1848 Konzert in der Salle Pleyel am 16. Februar. Ausbruch der Revolution in Paris.
4. März: letzte Begegnung mit George Sand.
April bis November: Chopin in England und Schottland, Konzerte u. a. in Manchester (28. August), Glasgow (27. September) und Edinburgh (4. Oktober). Auftritt anläßlich einer Benefizveranstaltung für polnische Emigranten in London am 16. November: Chopins letztes Konzert. Heimkehr nach Paris am 24. November.
1849 Juni bis September: auf ärztliches Anraten Sommeraufenthalt in einer Wohnung vor den Toren von Paris (Rue Chaillot 74).
25. Juni: Chopin ruft seine Schwester Ludwika aus Warschau zu sich.
9. August: Ankunft Ludwikas mit Mann und Tochter in Chaillot.
September: Umzug an die Place Vendôme 12.
17. Oktober: Chopin stirbt um zwei Uhr nachts.
30. Oktober: Trauerfeier in der Kirche La Madeleine und Beisetzung auf dem Friedhof Père-Lachaise.

Werkverzeichnis

Die Opus-Zahlen entsprechen nicht immer der tatsächlichen Reihenfolge der Entstehung, vor allem die von Julian Fontana postum veröffentlichten Opera 66–74 stellen teilweise Sammlungen von Stücken aus verschiedenen Schaffensperioden dar. Über die zeitliche Einordnung einzelner Werke herrscht bis heute nicht letzte Gewißheit. Das nachstehende Verzeichnis stützt sich auf die Angaben von Jim Samson, die ihrerseits auf der Chronologie von Jan Ekier (›Wstęp do wydania narodowego dziel Fryderyka Chopina‹, Warschau 1974) und dem ›Thematisch-Bibliographischen Werkverzeichnis‹ von Krystyna Kobylańska (dt. Übersetzung von Helmut Stolze, München 1978) beruhen. Abweichende Angaben von Tadeusz A. Zieliński, das jeweilige Entstehungsjahr betreffend, sind in eckigen Klammern angefügt.

Opuszahl, Entstehungsjahr und Jahr der Erstausgabe (in Klammern)

op. 1 Rondo c-Moll
       1825 (1825)
op. 2 Variationen über ›Là ci darem la mano‹ für Klavier und Orchester B-Dur
       1827–28 (1830)
op. 3 Introduktion und Polonaise für Violoncello und Klavier C-Dur
       1829 [1829–30] (1831)
op. 4 Sonate c-Moll
       1828 [1827–28] (1851)
op. 5 Rondo ›à la mazur‹ F-Dur
       1826–27 (1828)
op. 6 Vier Mazurken
       1830–32 [1830–31] (1832)
       Nr. 1 fis-Moll
       Nr. 2 cis-Moll
       Nr. 3 E-Dur
       Nr. 4 es-Moll
op. 7 Fünf Mazurken
       1830–32 [1830–31] (1832)
       Nr. 1 B-Dur
       Nr. 2 a-Moll
       Nr. 3 f-Moll
       Nr. 4 As-Dur (Erstfassung 1825)
       Nr. 5 C-Dur
op. 8 Trio für Klavier, Violine und Violoncello g-Moll
       1829 [1828–29] (1832)
op. 9 Drei Nocturnes
       1830–32 (1832)
       Nr. 1 b-Moll
       Nr. 2 Es-Dur
       Nr. 3 H-Dur
op. 10 Zwölf Etüden
       1829–32 [1829–31] (1833)
       Nr. 1 C-Dur
       Nr. 2 a-Moll
       Nr. 3 E-Dur
       Nr. 4 cis-Moll
       Nr. 5 Ges-Dur
       Nr. 6 es-Moll
       Nr. 7 C-Dur
       Nr. 8 F-Dur
       Nr. 9 f-Moll
       Nr. 10 As-Dur
       Nr. 11 Es-Dur
       Nr. 12 c-Moll

op. 11 Konzert für Klavier und
Orchester Nr. 1 e-Moll
1830 (1833)
op. 12 Variations brillantes B-Dur
1833 (1833)
op. 13 Fantasie über polnische
Themen für Klavier und
Orchester A-Dur
1829 (1834)
op. 14 Rondo à la Krakowiak
für Klavier und Orchester
F-Dur
1828 (1834)
op. 15 Drei Nocturnes
1831–33 (1833)
Nr. 1 F-Dur
Nr. 2 Fis-Dur
Nr. 3 g-Moll
op. 16 Introduktion c-Moll und
Rondo Es-Dur
1829 [1832–33?] (1834)
op. 17 Vier Mazurken
1831–33 [1832–33] (1834)
Nr. 1 B-Dur
Nr. 2 e-Moll
Nr. 3 As-Dur
Nr. 4 a-Moll
op. 18 Walzer Es-Dur
1833 (1834)
op. 19 Bolero C-Dur / A-Dur
1833? (1834)
op. 20 Scherzo h-Moll
1831–34 (1835)
op. 21 Konzert für Klavier und
Orchester Nr. 2 f-Moll
1829–30 (1836)
op. 22 Andante spianato und
Grande Polonaise für Klavier
und Orchester G-Dur und
Es-Dur
1830–36 [1830–34] (1836)
op. 23 Ballade g-Moll
1835 [1831–35] (1836)
op. 24 Vier Mazurken
1833–36 [1834–35] (1846)
Nr. 1 g-Moll
Nr. 2 C-Dur
Nr. 3 As-Dur
Nr. 4 b-Moll

op. 25 Zwölf Etüden
1833–37 [1832–36?] (1837)
Nr. 1 As-Dur
Nr. 2 f-Moll
Nr. 3 F-Dur
Nr. 4 a-Moll
Nr. 5 e-Moll
Nr. 6 gis-Moll
Nr. 7 cis-Moll
Nr. 8 Des-Dur
Nr. 9 Ges-Dur
Nr. 10 h-Moll
Nr. 11 a-Moll
Nr. 12 c–Moll
op. 26 Zwei Polonaisen
1831–36 [1832–35] (1836)
Nr. 1 cis-Moll
Nr. 2 es-Moll
op. 27 Zwei Nocturnes
1833–36 [1835] (1836)
Nr. 1 cis-Moll
Nr. 2 Des-Dur
op. 28 Vierundzwanzig
Préludes
1838–39 [1837?–39] (1839)
Nr. 1 C-Dur
Nr. 2 a-Moll
Nr. 3 G-Dur
Nr. 4 e-Moll
Nr. 5 D-Dur
Nr. 6 h-Moll
Nr. 7 A-Dur
Nr. 8 fis-Moll
Nr. 9 E-Dur
Nr. 10 cis-Moll
Nr. 11 H-Dur
Nr. 12 gis-Moll
Nr. 13 Fis-Dur
Nr. 14 es-Moll
Nr. 15 Des-Dur
Nr. 16 b-Moll
Nr. 17 As-Dur
Nr. 18 f-Moll
Nr. 19 Es-Dur
Nr. 20 c-Moll
Nr. 21 B-Dur
Nr. 22 g-Moll
Nr. 23 F-Dur
Nr. 24 d-Moll

op. 29 Impromptu As-Dur
 1837? (1837)
op. 30 Vier Mazurken
 1836–37 (1838)
 Nr. 1 c-Moll
 Nr. 2 h-Moll
 Nr. 3 Des-Dur
 Nr. 4 cis-Moll
op. 31 Scherzo b-Moll
 1835–37 [1835?–37] (1837)
op. 32 Zwei Nocturnes
 1835–37 (1837)
 Nr. 1 H-Dur
 Nr. 2 As-Dur
op. 33 Vier Mazurken
 1836–38 [1837–38] (1838)
 Nr. 1 gis-Moll
 Nr. 2 D-Dur
 Nr. 3 C-Dur
 Nr. 4 h-Moll
op. 34 Drei Walzer
 (1838)
 Nr. 1 As-Dur 1835–38
 Nr. 2 a-Moll 1831
 Nr. 3 F-Dur   1838?
op. 35 Sonate b-Moll
 1839 [1837–39] (1840)
 Langsamer Satz 1837
op. 36 Impromptu Fis-Dur
 1839 (1840)
op. 37 Zwei Nocturnes
 1837–39 (1840)
 Nr. 1 g-Moll
 Nr. 2 G-Dur
op. 38 Ballade F-Dur/
 a-Moll
 1839 [1836–39] (1840)
op. 39 Scherzo cis-Moll
 1839 (1840)
op. 40 Zwei Polonaisen
 1838–39 (1840)
 Nr. 1 A-Dur
 Nr. 2 c-Moll
op. 41 Vier Mazurken
 1838–39 (1840)
 Nr. 1 (Nr. 2) e-Moll
 Nr. 2 (Nr. 3) H-Dur
 Nr. 3 (Nr. 4) As-Dur
 Nr. 4 (Nr. 1) cis-Moll

op. 42 Walzer As-Dur
 1839–40 [1840] (1840)
op. 43 Tarantella As-Dur
 1841 (1841)
op. 44 Polonaise fis-Moll
 1841 (1841)
op. 45 Prélude cis-Moll
 1841 (1841)
op. 46 Allegro de Concert A-Dur
 1832?–1841 (1841)
op. 47 Ballade As-Dur
 1841 (1841)
op. 48 Zwei Nocturnes
 1841 (1841)
 Nr. 1 c-Moll
 Nr. 2 fis–Moll
op. 49 Fantasie f-Moll/As-Dur
 1841 (1841)
op. 50 Drei Mazurken
 1841–42 (1842)
 Nr. 1 G-Dur
 Nr. 2 As-Dur
 Nr. 3 cis-Moll
op. 51 Impromptu Ges-Dur
 1842 (1843)
op. 52 Ballade f-Moll
 1842 (1843)
op. 53 Polonaise As-Dur
 1842 (1843)
op. 54 Scherzo E-Dur
 1842 (1843)
op. 55 Zwei Nocturnes
 1843 (1844)
 Nr. 1 f-Moll
 Nr. 2 Es-Dur
op. 56 Drei Mazurken
 1843 (1844)
 Nr. 1 H-Dur
 Nr. 2 C-Dur
 Nr. 3 c-Moll
op. 57 Berceuse Des-Dur
 1844 (1845)
op. 58 Sonate h-Moll
 1844 (1845)
op. 59 Drei Mazurken
 1845 (1845)
 Nr. 1 a-Moll
 Nr. 2 As-Dur
 Nr. 3 fis-Moll

op. 60 Barcarolle Fis-Dur
1846 [1845–46] (1846)
op. 61 Polonaise–Fantasie As-Dur
1846 (1846)
op. 62 Zwei Nocturnes
1845–46 [1846] (1846)
Nr. 1 H-Dur
Nr. 2 E-Dur
op. 63 Drei Mazurken
1846 (1847)
Nr. 1 H-Dur
Nr. 2 f-Moll
Nr. 3 cis-Moll
op. 64 Drei Walzer
1840–47 (1847)
Nr. 1 Des-Dur
Nr. 2 cis-Moll
Nr. 3 As-Dur
op. 65 Sonate für Klavier und
Violoncello g-Moll
1846–47 [1845–47] (1847)

Postum veröffentlichte Werke

op. 66 Fantasie–Impromptu cis-Moll
1834? [1833–34] (1855)
op. 67 Vier Mazurken
(1855)
Nr. 1 G-Dur 1830? [1829–30]
Nr. 2 g-Moll 1848–49
Nr. 3 C-Dur 1835
Nr. 4 a-Moll 1836 [1846]
op. 68 Vier Mazurken
(1855)
Nr. 1 C-Dur 1830? [1829–30?]
Nr. 2 a-Moll 1827?
Nr. 3 F-Dur 1830? [1829–30]
Nr. 4 f-Moll 1849
op. 69 Zwei Walzer
(1855)
Nr. 1 As-Dur 1835
Nr. 2 h-Moll 1829
op. 70 Drei Walzer
(1855)
Nr. 1 Ges-Dur 1833 [1832]
Nr. 2 f-Moll 1841
Nr. 3 Des-Dur 1829
op. 71 Drei Polonaisen
(1855)
Nr. 1 d-Moll 1824–25
bzw. 1827?
Nr. 2 B-Dur 1828
Nr. 3 f-Moll 1825–26
bzw. 1829?
op. 72 Drei Ecossaisen
1829? (1855)
Nr. 1 D-Dur
Nr. 2 g-Moll
Nr. 3 Des-Dur
op. 73 Rondo für zwei Klaviere
C-Dur (Original Soloklavier)
1828 bzw. 1825? [1825–36]
(1855)
op. 74 Siebzehn Lieder
(1857)
Nr. 1 Życzenie (Witwicki)
1829?
Nr. 2 Wiosna (Witwicki)
1838
Nr. 3 Smutna rzeka (Witwicki)
1831
Nr. 4 Hulanka (Witwicki)
1830
Nr. 5 Gdzie lubi (Witwicki)
1829?
Nr. 6 Precz z moich oczu
(Mickiewicz)
1830 [1827–30]
Nr. 7 Poseł (Witwicki)
1830
Nr. 8 Śliczny chłopiec (Zaleski)
1841
Nr. 9 Melodia (Krasiński)
1847
Nr. 10 Wojak (Witwicki)
1830
Nr. 11 Dwojaki koniec (Zaleski)
1845
Nr. 12 Moja pieszczotka
(Mickiewicz)
1837
Nr. 13 Nie ma czego trzeba
(Zaleski)
1845

Nr. 14 Pierścień (Witwicki)
1836
Nr. 15 Narzeczony (Witwicki)
1831
Nr. 16 Piosnka litewska (Witwicki)
1830–31   [1831]
Nr. 17 Lecą liście z drzewa (Pol)
1836

Werke ohne Opuszahlen

Polonaise B-Dur (K. 1182–83)
1817   (1834)
Polonaise g-Moll (K. 889)
1817   (1817)
Polonaise As-Dur (K. 1184)
1821   (1908)
Introduktion und Variationen über ›Der Schweizerbub‹ E-Dur (K. 925–27)
1824   (1851)
Polonaise gis-Moll (K. 1185–87)
1824   (1850–60)
Mazurka B-Dur (K. 891–895)
1825–26   (1826)
Mazurka G-Dur (K. 896–900)
1825–26   (1826)
Variationen für Klavier zu vier Händen D-Dur (K. 1190)
1825–26   (1865)
Trauermarsch c-Moll (K. 1059–68)
1826   (1855)
Polonaise b-Moll (K. 1188–89)
1826   (1881)
Nocturne e-Moll (K. 1055–58)
1828–30   (1855)
›Souvenir de Paganini‹ A-Dur (K. 1203)
1829   (1881)
Mazurka G-Dur (K. 1201–02)
1829   (1879)
Walzer E-Dur (K. 1207–08)
1829   (1867)
Walzer Es-Dur (K. 1212)
1829   (1902)
Mazurka G-Dur, mit Gesangsstimme (K. 1201–02)
1829   (1879)
Walzer As-Dur (K. 1209–11)
1829 [1830?]   (1902)
Walzer e-Moll (K. 1213–14)
1830[?]   (1850–60)
Czary, mit Gesangsstimme (K. 1204–06)
1830   (1910)
Polonaise Ges-Dur (K. 1197–1200)
1830   (1850–60)
Lento con gran espressione cis-Moll (K. 1215–22)
1830   (1875)
Gran Duo concertant über Themen aus Meyerbeers ›Robert le Diable‹ für Violoncello und Klavier E-Dur (gemeinsam mit A. J. Franchomme komponiert) (K. 901–902)
1832–33 [1832]   (1833)
Mazurka B-Dur (K. 1223)
1832   (1909)
Mazurka D-Dur (K. 1224, Erstfassung K. 1193–96)
1832   (1880)
Mazurka C-Dur (K. 1225–26)
1833   (1870)
Cantabile B-Dur (K. 1230)
1834   (1931)
Mazurka As-Dur (K. 1227–28)
1834   (1930)
Prélude As-Dur (K. 1231–32)
1834   (1918)
Variationen Nr. 6 über ein Thema aus Bellinis ›I Puritani‹ E-Dur für die Sammlung ›Hexameron‹ (K. 903–904)
1837 [1837–38]   (1839)
Trois Nouvelles Études (K. 905–917)
1839   (1839)
Kanon f-Moll (K. 1241)
1839?
Mazurka a-Moll für das Album ›Notre Temps‹ (K. 919–924)
1839–41 [1840–41]   (1842)

Sostenuto (Walzer Es-Dur) (K. 1273)
  1840 (1955)
Dumka, mit Gesangsstimme (K. 1236)
  1840 (1910)
Fuge a-Moll (K. 1242)
  1841–42 [1841?] (1898)
Moderato E-Dur (K. 1240)
  1843 (1910)
Zwei Bourrées (K. 1403–04)
  1846 (1968)

Nr. 1 g-Moll
Nr. 2 A-Dur
Largo Es-Dur (K. 1229)
  1847 [1838?] (1938)
Nocturne c-Moll (K. 1233–35)
  1847–48 (1938)
  [ungewisse Authentizität]
Walzer a-Moll (K. 1238–39)
  1847–49[?] (1955)
  [ungewisse Authentizität]

Literaturhinweise

a) Allgemeines, Nachschlagewerke
Bie, Oskar:
  Das Klavier und seine Meister,
  Berlin 1921
Gerig, Reginald R.:
  Famous Pianists and their Technique,
  Washington 1974
Die Musik in Geschichte und Gegenwart (MGG),
  hrsg. v. Friedrich Blume,
  Kassel etc. 1949–1986
Die Musik in Geschichte und Gegenwart (MGG²),
  hrsg. v. Ludwig Finscher,
  Kassel etc., 1994ff.
Geschichte der Musik,
  hrsg. v. Michael Raeburn und Alan Kendall, München 1993
Neues Handbuch der Musikwissenschaft, hrsg. v. Carl Dahlhaus u. a., Laaber 1980ff.
The New Grove Dictionary of Music and Musicians,
  hrsg. v. Stanley Sadie,
  London 1980

b) Werkverzeichnisse
Brown, Maurice:
  Chopin. An Index of his Works in Chronological Order,
  London 1972
Kobylańska, Krystyna:
  Frédéric Chopin. Thematisch-Bibliographisches Werkverzeichnis,
  München 1978

c) Werkausgaben
Gesammelte Werke,
  hrsg. v. Karol Mikuli,
  Leipzig 1879
Gesamtausgabe,
  hrsg. von Woldemar Bargiel, Johannes Brahms, Franz Liszt u. a., Leipzig 1878–1880
Sämtliche Werke,
  hrsg. v. Ignacy Paderewski,
  Krakau 1949–1961
The Oxford Original Edition,
  hrsg. v. Edouard Ganche,
  3 Bde., London 1936

d) Briefausgaben

Kobylańska, Krystyna (Hrsg.):
Frédéric Chopin. Briefe,
Frankfurt a. M. 1984

Lubin, Georges (Hrsg.):
George Sand. Correspondance,
Paris 1964–1981

Opieński, Henri (Hrsg.):
Chopin. Lettres,
Paris 1933

Reich, Willi (Hrsg.):
Chopin. Briefe und Dokumente,
Zürich ⁴1985

Scharlitt, Bernard (Hrsg.):
Friedrich Chopins
Gesammelte Briefe,
Leipzig 1911

e) Bilder und Dokumente

Binental, Leopold:
Chopin. Dokumente und
Erinnerungen aus seiner
Heimatstadt,
Leipzig 1932

Burger, Ernst:
Frédéric Chopin. Eine
Lebenschronik in Bildern
und Dokumenten,
München 1990

f) Weiterführende Literatur

Abraham, Gerald:
Chopin's Musical Style,
London 1939

Attwood, William G.:
Fryderyk Chopin, Pianist
from Warsaw,
New York 1987

Belotti, Gastone:
Chopin l'uomo,
Mailand 1974

Binental, Leopold:
Chopin,
Paris 1932

Bourniquel, Camille u. a.:
Chopin,
Paris 1965

ders.:
Frédéric Chopin in Selbstzeug-
nissen und Bilddokumenten,
Hamburg 1959

Chomiński, Józef M.:
Fryderyk Chopin,
Leipzig 1980

Cortot, Alfred:
Aspects de Chopin,
Paris 1949
(dt. Ausgabe: Chopin.
Wesen und Gestalt,
Zürich 1954)

Eigeldinger, Jean-Jacques:
Chopin vu par ses élèves,
Neuchâtel 1979

Ekier, Jan:
Wstęp do wydania narodowego
dzieł Fryderyka Chopina,
Warschau 1974

Ganche, Edouard:
Frédéric Chopin. Sa vie
et ses œuvres,
Paris 1909

ders.:
Voyages avec Frédéric Chopin,
Paris ⁶1934

Gavoty, Bernard:
Chopin. Eine Biographie,
Reinbek 1990

Hedley, Arthur:
Chopin,
Zürich 1950

Hoesick, Ferdynand:
Chopin. Życie i twórczość,
Warschau 1910–1911

Huneker, James:
Chopin. Der Mensch,
der Künstler,
München 1914

Iwaszkiewicz, Jarosław:
Fryderyk Chopin,
Leipzig ³1985

Karasowski, Moritz:
Friedrich Chopin. Sein Leben,
seine Werke und Briefe,
Dresden 1877

Leichtentritt, Hugo:
Analyse der Chopin'schen

Klavierwerke,
Berlin 1921

Lissa, Zofia (Hrsg.):
The Book of the First International Musicological Congress Devoted to the Works of Frederick Chopin,
Warschau 1963

Liszt, Franz:
Frédéric Chopin,
Paris 1852
(dt. Ausgabe: *Friedrich Chopin*, Leipzig 1852)

Lotz, Jürgen:
Frédéric Chopin,
Reinbek 1995

Metzger, Heinz-Klaus / Riehn, Rainer (Hrsg.):
Fryderyk Chopin,
München 1985
(Musik-Konzepte 45)

Michalowski, Kornel:
Bibliografia chopinowska (1849–1969),
Krakau 1970

Murdoch, William D.:
Chopin. His Life,
London 1934

Niecks, Friedrich:
Chopin as a Man and a Musician,
London 1888
(dt. Ausgabe: *Friedrich Chopin als Mensch und Musiker*, Leipzig 1890)

Ottich, Maria:
Die Bedeutung des Ornaments im Schaffen Friedrich Chopins,
Diss. Berlin 1937

Samson, Jim:
The Music of Chopin,
London 1985 (dt. Ausgabe: *Frédéric Chopin*, Stuttgart 1991)

Sand, George:
Ein Winter auf Mallorca,
Neuausgabe,
Frankfurt a. M. 1999

dies.:
Lucrezia Floriani, Neuausgabe,
Frankfurt a. M. 1985

Scharlitt, Bernard:
Chopin,
Leipzig 1919

Weinstock, Herbert:
Chopin. Mensch und Werk,
München 1949

Willeby, Charles:
Frédéric François Chopin,
London 1892

Zamoyski, Adam:
Chopin,
London 1979

Zieliński, Tadeusz A.:
Życie i droga twórcza,
Warschau 1993
(dt. Ausgabe: *Chopin. Sein Leben, sein Werk, seine Zeit*,
Bergisch Gladbach 1999)

Diskographie (Auswahl)

op. 1 Rondo c-Moll: *Idil Biret* (Naxos), *Garrick Ohlsson* (MusikWelt)

op. 2 Variationen über ›Là ci darem la mano‹ für Klavier und Orchester B-Dur: *Claudio Arrau / Eliahu Inbal* (Philips)

op. 4 Klaviersonate c-Moll: *Leif Ove Andsnes* (Virgin), *Idil Biret* (Naxos)

op. 5 Rondo ›à la mazur‹ F-Dur: *Idil Biret* (Naxos)

op. 6 Mazurken (opp. 6, 7, 17, 24, 30, 33, 41, 50, 56, 59, 63, 67, 68 und weitere): *Wladimir Ashkenazy* (Decca), *Idil Biret* (Naxos), *Janusz Olejniczak* (Helikon)

op. 9 Nocturnes (opp. 9, 15, 27, 32, 37, 48, 55, 62 und weitere): *Daniel Barenboim* (Dt. Grammophon), *Adam Harasiewicz* (Philips), *Peter Katin* (Helikon)

op. 10 Etüden (opp. 10 und 25): *Idil Biret* (Naxos), *Alfred Cortot* (MusikWelt), *Maurizio Pollini* (Dt. Grammophon)

op. 11 Klavierkonzert Nr. 1 e-Moll: *Martha Argerich / Claudio Abbado* (Dt. Grammophon), *Claudio Arrau / Eliahu Inbal* (Philips), *Adam Harasiewicz / Heinrich Hollreiser* (Philips)

op. 12 Variations Brillantes B-Dur: *Malcolm Frager* (In-Akustik), *Peter Katin* (Helikon)

op. 14 Rondo à la Krakowiak für Klavier und Orchester F-Dur: *Claudio Arrau / Eliahu Inbal* (Philips)

op. 18 Walzer (opp. 18, 34, 42, 64, 69, 70 und weitere): *Cyprien Katsaris* (Teldec), *Dinu Lipatti* (EMI), *Nikita Magaloff* (Philips)

op. 20 Scherzi (opp. 20, 31, 39, 54): *Wladimir Ashkenazy* (Decca), *Vladimir Horowitz* (BMG), *Ivan Moravec* (In-Akustik)

op. 21 Klavierkonzert Nr. 2 f-Moll: *Emanuel Ax / Charles Mackerras* (Sony), *Arthur Rubinstein / Eugene Ormandy* (BMG), *Krystian Zimerman / Carlo Maria Giulini* (Dt. Grammophon)

op. 22 Andante spianato & Grande Polonaise G-Dur / Es-Dur: *Claudio Arrau / Eliahu Inbal* (Philips)

op. 23 Balladen (opp. 23, 38, 47, 52): *Alfred Cortot* (MusikWelt), *Vladimir Horowitz* (BMG), *Cyprien Katsaris* (Teldec), *Istvan Székely* (Naxos), *Krystian Zimerman* (Dt. Grammophon)

op. 26 Polonaisen (opp. 26, 40, 44, 53, 61, 71 und weitere): *Wladimir*

Ashkenazy (Decca), *Idil Biret* (Naxos), *Janusz Olejniczak* (Helikon)

op. 28 Préludes: *Wladimir Ashkenazy* (Decca), *Ivo Pogorelich* (Dt. Grammophon), *Grigory Sokolov* (Helikon)

op. 29 Impromptus (opp. 29, 36, 51, 66): *Claudio Arrau* (Philips), *Alfred Cortot* (EMI), *Peter Katin* (Helikon)

op. 35 Klaviersonate b-Moll: *Martha Argerich* (Dt. Grammophon), *Vladimir Horowitz* (BMG), *Arthur Rubinstein* (BMG)

op. 46 Allegro de Concert A-Dur: *Idil Biret* (Naxos), *Garrick Ohlsson* (MusikWelt)

op. 49 Fantasie f-Moll: *Arturo Benedetti Michelangeli* (MusikWelt), *Van Cliburn* (BMG), *Vladimir Horowitz* (BMG)

op. 57 Berceuse Des-Dur: *Arturo Benedetti Michelangeli* (Musik-Welt), *Alfred Cortot* (EMI), *Garrick Ohlsson* (MusikWelt)

op. 58 Klaviersonate h-Moll: *Martha Argerich* (Dt. Grammophon), *Dinu Lipatti* (EMI)

op. 60 Barcarolle Fis-Dur: *Garrick Ohlsson* (MusikWelt), *Jewgeni Kissin* (Helikon)

op. 61 Polonaise-Fantasie As-Dur: *Martha Argerich* (Dt. Grammophon), *Vladimir Horowitz* (BMG)

op. 65 Cellosonate g-Moll: *Anner Bylsma / Lambert Orkis* (Sony), *Jacqueline du Pré / Daniel Barenboim* (EMI), *Mstislaw Rostropowitsch / Martha Argerich* (Dt. Grammophon)

op. 66 Fantasie-Impromptu cis-Moll: *Wladimir Ashkenazy* (Decca), *Vladimir Horowitz* (Sony), *Nikita Magaloff* (Philips)

Register

Agoult, Marie Gräfin d' 66, 85–88, 112, 130
Alexander I., Zar 19, 24, 53f.
Alkan, Charles Henri Valentin 94, 117
August II., König von Sachsen 10
August III., König von Sachsen 10

Bach, Johann Sebastian 17, 23, 66, 76f., 106, 111
Barciński, Anton 14
Beethoven, Ludwig van 39, 41, 50f., 57, 65, 68–69, 76, 82, 86
Berlioz, Hector 51, 76, 94
Białoblocki, Jan 22f., 34
Boieldieu, François-Adrien 43
Brahms, Johannes 50, 94
Breitkopf & Härtel (Verlag) 75
Brodziński, Kazimierz 31f.
Brunner, Karol 24
Bülow, Hans von 36

Catalani, Angelica 21, 28
Cherubini, Luigi 68ff.
Chopin, Emilia 10, 13, 29, 30f.
Chopin, Izabela (verh. Barciński) 10, 14, 56, 80, 135
Chopin, Ludwika (verh. Jędrzejewicz) 9, 12, 14, 17, 27, 38, 56, 80, 123–125, 127f., 135–138
Chopin, Nicolas 9, 11–15, 19, 21, 27, 42, 43, 56, 58, 59, 79, 80, 116, 121
Chopin, Tekla Justyna 9, 12, 14, 21, 31, 79, 80, 120, 121, 135
Clary, Karl 44
Clementi, Muzio 66, 77
Clésinger, Jean Baptiste Auguste 129, 137, 138
Cortot, Alfred 63, 88, 124, 126

Cramer, Johann Baptist 24f.
Czartoryska, Anna 85, 97, 136
Czartoryska, Marcelina 97, 123f., 137
Czartoryski, Adam 97, 136
Czerny, Carl 25, 39, 65f., 70, 72, 113

Delacroix, Eugène 93, 96f., 99f., 117, 119, 129, 138
Dietrich, Anton 86
Dumas, Alexandre (d. Ä.) 86, 117
Dupin, Aurore (siehe Sand, George)
Dziewanowski, Dominik 27, 63
Dziewanowska, Ludwika 28

Ekier, Jan 7
Elsner, Joseph 17, 23, 25, 30f., 33, 37f., 40, 42f., 70f., 94
Erskine, Catherine 133

Farrenc, Aristide 73
Fétis, François Joseph 63, 68ff., 113
Field, John 25, 51, 76, 82
Filtsch, Karl 125
Fontana, Julian 22, 96, 100ff., 105, 112, 134
Franchomme, Auguste 73ff., 97, 130, 136f.
Fürstenstein, Adèle de 76

Gladkowska, Konstancja 46ff., 56
Goethe, Johann Wolfgang von 41
Goncourt, Edmont Huot de 98
Goncourt, Jules Huot de 98
Grębecki, Franciszek 10
Graf, Conrad 57
Graf, Nanette 57
Grzymała, Albert 104, 117, 119, 135f.
Guizot, François 63
Gutmann, Adolf 84, 125, 136
Gyrowetz, Adalbert 20

Habeneck, François 69
Händel, Georg Friedrich 40
Hanslick, Eduard 50
Haslinger, Tobias 39, 43, 51
Haydn, Joseph 41
Heine, Heinrich 91, 93, 97f.
Heller, Stephen 98
Hérold, Ferdinand 77
Herz, Henri 35, 39, 69, 70, 125
Hiller, Ferdinand 58, 69f., 72, 84, 88
Hoffmann, Aleksander 78
Hugo, Victor 86
Humboldt, Alexander von 40f.
Hummel, Johann Nepomuk 25, 39, 41, 49, 51, 57f.
Hünten, François 35

Jędrzejewicz, Józef Kalasanty 12, 123
Jarocki, Feliks 40

Kalkbrenner, Friedrich 25, 35, 51, 69ff., 74, 117, 125
Klengel, August 44
Kościuszko, Tadeusz 14
Kobylańska, Krystyna 7
Kolberg, Juliusz 20, 29
Kolberg, Oskar 29
Konstantin, Großfürst 19, 21, 54

Lanner, Josef 39
Laube, Heinrich 98
Leszczyński, Stanislaw, ehem. König von Polen 11
Liszt, Franz 25, 65f., 69f., 76, 84ff., 88f., 91, 93, 97, 112ff., 117, 124f., 130
Louis Philippe, König von Frankreich 63ff., 112, 133
Ludwig XV., König von Frankreich 11

Malfatti, Johann 68
Mathias, Georges 125
Matuszyński, Jan 22, 30, 51, 78, 85, 113, 116
Mendelssohn Bartholdy, Felix 40, 69, 73, 77, 84, 113
Meyerbeer, Giacomo 74
Michel, Louis 90
Mickiewicz, Adam 76, 78

Mikuli, Karol 125
Monge, Gaspard 30
Moscheles, Ignaz 25, 39, 49, 67, 112f., 125
Mozart, Wolfgang Amadeus 21, 25, 36f., 39, 43f., 50, 52, 57f., 72, 138
Musset, Alfred de 89
Napoleon I., Kaiser von Frankreich 10

Niecks, Friedrich 89
Nikolaus I., Zar 54

Ogiński, Michal Kleofas 22f.
Orlowski, Antoni 94
Osborne, George Alexander 135

Pac, Michael Graf 11f.
Paër, Ferdinando 46, 68, 72
Paganini, Niccolò 41, 50, 59, 69, 72, 86
Pixis, Friedrich 44
Pleyel, Camille 71, 99, 115, 136
Pol, Wincenty 85
Potocka, Delfina 97, 137
Probst-Kistner (Verlag) 75

Radziwiłł, Eliza 45
Radziwiłł, Antoni 40f., 44
Radziwiłł, Wanda 45
Reicha, Anton 69f., 72
Rellstab, Ludwig 35f., 67, 94f., 118
Ries, Ferdinand 25
Rossini, Gioacchino 68f., 86

Samson, Jim 7, 109
Sand, George (Aurore Dupin, Baronin Dudevant) 84–90, 93, 96–99, 101f., 104f., 108, 111f., 114, 116, 118, 120–123, 126–131
Sand, Maurice (Baron Dudevant-Sand) 87, 98ff., 102–105, 111f., 127, 129
Sand, Solange (verh. Clésinger) 102, 105, 111f., 127, 129, 137
Sandeau, Jules 89
Schlesinger, Maurice 74f., 102
Schubert, Franz 82
Schumann, Robert 34, 36, 39, 77, 82, 84, 94, 102

Skarbek, Fryderyk 10, 14, 20
Skarbek, Anna 9f.
Skarbek, Viktoria 20
Slavik, Josef 57, 59
Sobiesky, Jan III., König von Polen 56
Sowiński, Wojciech 72
Spontini, Gasparo 40
Staszic, Stanisław 33
Stein, Johann Andreas 42, 57
Stirling, Jane Wilhelmina 121, 133–136
Strauß, Johann (Vater und Sohn) 39
Streicher, Friederike (geb. Müller) 90
Streicher, Johann Andreas 57
Szymanowska, Maria 17

Thalberg, Sigismund 93
Thun-Hohenstein, Franz Anton 80
Thun-Hohenstein, Josefina 80
Viardot, Pauline 111, 114, 116
Vigny, Alfred de 97

Weber, Carl Maria von 21, 25, 39f.
Wessel, Christian 75
Weydlich, Jan Adam 11ff.
Wieck, Clara (verh. Schumann) 36, 84, 96
Wieck, Friedrich 36
Winter, Peter von 40

Wodzińska, Maria 80–83, 86, 90f.
Wodzińska, Teresa 86f., 91
Wodziński, Feliks 81
Woyciechowski, Tytus 22, 36, 45–48, 54ff., 64, 71
Würfel, Wilhelm Waclaw 23ff., 59

Zelter, Carl Friedrich 40
Zieliński, Tadeusz A. 15, 20, 28, 35, 44, 102, 117
Żywny, Adalbert (Wojciech) 17f., 22ff., 48, 66, 116

Bildnachweis

AKG Berlin 30, 47
Archiv Gabriel Quetglas 83, 85
Archiv Pleyel, Paris 54, 58
Bayerische Staatsbibliothek, München 36, 45
Bibliothek der Warschauer Musik-Gesellschaft 25
Bibliothek des Prager Konservatoriums 42
Bibliothèque de l'Opéra, Paris 46
Bildarchiv der Österreichischen Nationalbibliothek 40
Bildarchiv Preußischer Kulturbesitz 69
aus: Leopold Binental, *Chopin*. Paris 1934 20, 97
aus: Leopold Binental, *Chopin. W 120 rocznice urodzin. Dokumenty i Pamiątki*. Warschau 1930 6, 7, 8, 10, 73, 100
aus: Ernst Burger, *Frédéric Chopin. Eine Lebenschronik in Bildern*. München 1990 11, 19, 24, 35, 39, 43, 44, 49, 50, 64, 82, 87, 88, 93, 94, 95, 105, 107, 109
Chopin-Gesellschaft, Warschau 9, 13, 15, 18, 23, 34, 106
Dordrechts Museum, Dordrecht 96
aus: Hugo Leichtentritt, *Chopin*. Berlin 1904 21

Musée Carnavalet, Paris 71, 101
Musée de Besançon 90
Musée du Louvre, Paris 74
Nationalbibliothek, Warschau 84
Nationalmuseum, Warschau 32, 67
Ordrupgaard-Museum, Kopenhagen 76
Pfarrei St. Rochus, Brochów 4
Sammlung ›Ana Maria Boutroux de Ferrà‹, aufbewahrt in der Zelle F. Chopin – G. Sand Nr. 2 der Kartause von Valldemossa. Eigentum von Margarita Ferrà Boutroux, fotografiert von Joan M. Ferrà 3, 78, 79, 80
Sammlung Simone André-Maurois 70, 81, 92, 99
Sammlung van Hoboken 14, 23, 48
Société Historique et Littéraire Polonaise, Paris 37, 60, 61, 108
Staatsbibliothek Preußischer Kulturbesitz, Mendelssohn-Archiv, Berlin 56
Stiftung Weimarer Klassik 55

Die Rechte der hier nicht aufgeführten Abbildungen konnten leider nicht ermittelt werden. Berechtigte Ansprüche werden selbstverständlich angemessen abgeglichen.